Morte & Julgamento

Dom Anscar Vonier

LORETO EDITORA

cedet.

Traduzido de: *Death and Judgement.*

Tradução e Capa
Jonadabe Santos Rios

Revisão
Elisabete da Silva Miranda

ISBN 978-65-86730-01-2

Sumário

CAPÍTULO I
A CAUSA DA MORTE

A morte possui, em relação ao homem, vastas implicações filosóficas e teológicas. Podemos conceder ao fisiologista tudo o que ele deseja e reivindica; ele não é inimigo da fé cristã, uma vez que permanece em seu domínio dos acontecimentos fisiológicos e materiais. Podemos deixar que ele nos explique como a morte ocorre. Não há dúvida de que os cientistas notam o quanto é difícil definir a morte em termos biológicos, assim como os teólogos e filósofos encontram dificuldades para responder a todos os questionamentos levantados pelo materialista e o incrédulo. Como exemplo da tentativa da ciência de indicar as causas da morte em termos que possuam algum significado, posso citar a *Encyclopaedia Britannica*, sobre a palavra Biologia: "Investigações recentes chegaram à conclusão de que a causa imediata da interrupção da vitalidade, no primeiro momento, e sua destruição, no segundo, é a coagulação de certas substâncias no protoplasmo, e que a última contém várias matérias coaguláveis, que solidificam em temperaturas diferentes.

Resta saber até onde a morte de qualquer matéria viva, em determinada temperatura, depende da destruição de sua substância fundamental ao calor, e até onde a morte foi acarretada pela coagulação de compostos meramente acessórios". A partir dessa passagem, vemos a hesitação dos mais recentes pesquisadores quando tentam definir a morte através dos sinais acidentais que mostram sua ocorrência. Os teólogos e filósofos católicos desejam um maior esclarecimento das causas desse terrível fenômeno.

Como cristãos, temos os nossos próprios problemas a respeito da morte, alguns atribuídos ao teólogo, e outros, ao filósofo. O teólogo pergunta por que a humanidade, em geral, considera a morte uma pena. A questão do filósofo é diferente: ele pergunta como esse fenômeno pode ter relação com a maldade da alma espiritual.

A fé católica, que é o local adequado do teólogo, ensina que a morte do homem é uma punição: "Por isso, como por um só homem entrou o pecado no mundo, e pelo pecado a morte, assim a morte passou a todo o gênero humano" (Romanos V, 12). Ela não considera que a morte dos animais seja uma pena, mas afirma enfaticamente que a morte do homem resulta do pecado. Como teve origem essa interpretação do fenômeno da morte? Por que é considerada uma medida punitiva, quando aparenta a inevitabilidade de uma lei de natureza similar à dos animais? Como um evento de ordem natural pode tornar-se um castigo? A resposta é encontrada na força de uma pressuposição. A fé pressupõe algo que pode ser conhecido à parte: Deus fez imortal a estrutura física do homem por meio de um presente especial, um dom adicionado à natureza humana, mesmo que separável dela. Deus projetou a humanidade para que possuísse um dom extra: o dom da imortalidade. O homem o perdeu pelo pecado, por causa da culpa de seu ato. Assim – sempre pressupondo esse dom adicional –, é perfeitamente apropriado dizer que a morte é uma punição, não um acontecimento normal. Os teólogos comumente admitem que sem esse dom o homem não é, e de fato não poderia ser, imortal corporalmente. Não pretendemos saber ou dizer que não seria possível que Criador criasse um organismo corporal vivo que durasse para sempre em virtude de suas características naturais intrínsecas. É mais provável que não esteja acima do poder do Criador produzir um organismo desse tipo; a teologia não se preocupa com essa hipótese. Nossas especulações estão restritas ao organismo que conhecemos e sobre o qual se diz, no livro de Gênesis, ter sido formado do barro. A respeito desse organismo, o teólogo diz que, embora deixado por si só e caindo mais cedo ou mais tarde, tal queda não esteve de acordo com intenções iniciais de Deus, que planejou evitá-la com um dom adicional de caráter inteiramente sobrenatural. O confisco desse dom por causa do pecado pode ser verdadeiramente considerado a causa da morte no sentido relativo ao que está pressuposto. Seria precipitado negar a Deus o poder de fazer um organismo que pudesse ser *naturalmente* imortal. Se assim tivesse feito o homem, o pecado não seria penalizado com a morte, uma vez que Deus nunca destrói o que está de acordo com sua natureza. Não foi assim, contudo, a forma como Deus criou o homem. Ele não fez um homem naturalmente imortal em sua estrutura corpórea; pelo contrário, o fez naturalmente mortal, mas adicionou à mortalidade o dom da imortalidade sobrenatural. O que é sobrenatural –

exceto, é claro, o estado de Visão Beatífica – pode sempre ser perdido ou retirado. Essa insistência terrível de Deus a respeito da mortalidade fundamental do homem é a chave para o capítulo da Queda no Gênesis: "Com o suor do teu rosto comerás teu pão até que retornes ao solo, pois dele foste tirado. Pois tu és pó e ao pó tornarás" (Gênesis III, 19). O dom da imortalidade dado por Deus ao homem foi inteiramente gratuito e sobrenatural em sua qualidade. Realmente nos é impossível dizer ou imaginar em que isso consistiu. Foi mais que uma assistência externa, guardando o homem de todas as possíveis forças que poderiam ter causado a morte; foi uma qualidade inerente e intrínseca, embora pudesse ser perdida, como a graça também pode ser perdida. Estava no poder do homem o viver, mas também o morrer, caso escolhesse se provar infiel ao pacto com Deus: "Mas da árvore do conhecimento do bem e do mal não comerás, porque no dia em que dela comeres terás que morrer " (Gênesis II, 17).

A morte, portanto, era conhecida pelo homem como uma contingência, uma possibilidade mesmo nos dias de sua inocência. Adão não conhecia o mal; ele não sabia que estava nu, mas sabia, mesmo no estado de total ignorância, que poderia morrer; o significado da palavra morte era-lhe claro: "Mas do fruto da árvore que está no meio do jardim, Deus disse: Dele não comereis, nele não tocareis, sob pena de morte.' A serpente disse então à mulher: 'Não, não morrereis!'" (Genesis III, 3-4).

Essa clara apreciação do significado da morte pelo homem, quando ainda não conhecia nenhum mal, traz à tona a gratuidade – alguém poderia até dizer precariedade – natural do dom da possível imortalidade que lhe fora concedida.

É evidente, portanto, que a tradição católica, que tão sabiamente considera a morte uma pena, não interfere nas investigações físicas sobre as causas da morte. Não é a verdadeira essência do pensamento católico, acerca desse assunto, assumir que a punição do homem se encontra nesse aspecto particular, que seu corpo deveria ser deixado à sua fraqueza congênita, à sua deterioração natural, quando a interrupção ou remédio de qualidade sobrenatural da imortalidade se esvai? Resumamos essas considerações nas concisas palavras de Santo Tomás: "A morte é natural pela condição da matéria; e é penal pela perda do benefício Divino, que dela preservava" (Suma, II-II, Q. 164, a).

Mas o teólogo não é a única autoridade a ser atacada pela explicação exclusivamente secular da morte. O filósofo católico, especialmente o filósofo escolástico, é chamado a explicar como, com a doutrina que sustenta a respeito da alma humana, ele pretende atribuir a morte às causalidades meramente físicas. Se uma essência espiritual, uma alma imortal, anima o corpo, se é, na terminologia escolástica, a *forma* do corpo, não se deve assumir que a morte ocorre somente - pode ocorrer somente - quando aquela alma sai do corpo? Assim, uma vez que a alma é considerada o princípio e fonte de vida do corpo, desde que esteja no corpo, o organismo deve estar vivo. Mas, diz o cientista, o fenômeno da morte pertence inteiramente ao plano material das coisas; em nenhum momento, em nenhum estágio da decadência corporal algo é retirado ou modificado por alguma ação mística chamada "alma". Não é necessário definir a morte como a partida da alma; a morte é suficientemente explicada e amplamente descrita, diz não somente o materialista, mas o vitalista, através de causas que não transcendem a ordem dos dados observáveis. O fisiologista está, de fato, correto em sua opinião a respeito da natureza física dos fatores que causam a morte no homem; mas ele está errado em supor, como constantemente o faz, pelo menos por implicação, que, se houvesse realmente uma alma imortal nas coisas humanas, um rumo diferente seria tomado. A insinuação é, obviamente, que não há alma; que uma alma humana não poderia morrer, tal é a conclusão não mencionada do adversário da filosofia espiritualista. Portanto, a própria natureza da presença permanente da alma no homem é de tal tipo que o fenômeno da morte não se destina a ser interrompido pela alma em qualquer tempo ou sob quaisquer circunstâncias, nem ser interferido por ela; a filosofia católica nunca considerou que a alma tivesse esse dever ou função. Podemos dizer que a presença de uma alma imortal no homem pode ser vista de forma vaga ou de maneira estrita, de acordo com a escola a que os pensadores cristãos pertencem. A visão vaga é mais imaginativa, mais fenomenalista; olha para a alma espiritual com respeito, como se esta fosse uma substância extramundana habitando um corpo material. Para esses pensadores, ou melhor, filosóficos que apoiam tais visões, a morte seria a destruição da casa da alma, uma destruição provocada por operações materiais. Sendo a casa destruída, a alma cria asas, seja boa ou má, vai para o mundo dos que são puramente espíritos. Tamanha poesia seria suficiente para visualizar a morte como um fato inteiramente terrestre.

A incumbência do rigoroso escolástico, que é também o pensador católico mais exato, será, portanto, mais difícil. Para ele, a alma espiritual no homem é a "forma" do corpo, o princípio de unicidade na vida e personalidade humanas. A alma, na ortodoxa filosofia católica, é mais que um habitante do corpo; é a causa de o corpo ser o que é. Pode o escolástico, que também é um católico, serenamente ignorar a alma no fenômeno da morte, quando toda sua filosofia o faz sustentar que a união entre a alma e o corpo no homem é a maior e mais íntima de todas as ligações? A resposta é que o estudioso, assim como os modernos fisiologistas, olha para as ações inteiramente materiais como causas da morte no homem. Para o escolástico, a morte não é uma separação entre a alma e o corpo; é a quebra, a "dissolução" do corpo. A alma parte, diz-se, porque a morte ocorreu, porque o organismo está morto, e não o contrário: o homem não morre porque a alma saiu do corpo, mas a alma sai porque ele morreu. Tudo isso está em conformidade com essa função especial que nossos filósofos atribuem à alma. A alma é a causa formal do corpo, não a causa eficiente: esta distinção é a raiz dessa importante peça da realidade criada. Um espírito como a alma somente pode ser a "forma" de um corpo se certas disposições materiais e predisposições forem providas para sua recepção. Essas predisposições muito relevantes são produzidas por causas eficientes, como a geração dos pais e muitos outros fatores. Nessas circunstâncias, outras causas eficientes podem debilitar as disposições indispensáveis, ou mesmo destruí-las completamente. Chamamos tal ação de morte. Sem essas disposições, a alma não pode mais ser a "forma" do corpo: a própria definição de "forma" contrariaria essa continuação. Não estamos aqui preocupados com a sobrevivência da alma após a morte ou o destino e futuro da alma quando ela cessa de "informar" o corpo; esses pontos serão tratados por completo aos poucos. Nossa tarefa agora é tornar claro que, de acordo com os próprios princípios de nossa filosofia espiritualista, nossa crença na presença de uma alma no homem não nos obriga a explicar a morte de outro modo, senão por uma corrente de causas exclusivamente de ordem material.

CAPÍTULO II
A MORTE E A ORDEM SOBRENATURAL

Se em nosso primeiro capítulo trouxemos tudo o que é necessário às visões modernas acerca da explicação natural e material do fenômeno da morte no homem, nem por isso privamos a morte de todo o seu significado sobrenatural e espiritual. Embora seja ela o resultado de forças que de maneira alguma são místicas, a morte é o fator mais místico na economia da última santificação e salvação do homem. De acordo com a teologia católica, a morte tem uma tripla ação em todo o esquema da eleição final: sua ocorrência é parte da predestinação do homem; sua universalidade é parte da satisfação da Justiça Divina; sua destrutividade indiscriminada põe fim ao poder de mérito do homem e situa-o no *status termini,* na condição final, em relação a seu estado espiritual. Deus tem mantido esse instrumento de severidade em suas próprias mãos, usando-o para o propósito de sua misericórdia e justiça, não somente de forma geral, mas também no que diz respeito aos seres humanos individuais.

Não necessitamos adentrar nas profundidades da doutrina católica da predestinação. É ortodoxo confessar que todos aqueles que são salvos são conduzidos ao abrigo da vida eterna através de um ato direto de Deus, enquanto é heresia dizer que aqueles que estão perdidos são predestinados por Deus a tão terrível destino. A teologia católica defende energicamente a necessidade da predestinação, mas sabe que não há predestinação que não seja para o paraíso. Para chegar a este fim, Deus multiplica graças e forma o cenário externo das vidas humanas individuais dos eleitos. A *opportunitas mortis*, o propício momento de morte, é a principal das disposições da predestinação pela Providência, pois o homem é levado desta terra, lugar de tentação e crise, no momento em que ele está na amizade de Deus, quando ele se ajusta ao paraíso. Deus tem o poder de conceder a qualquer ser humano o dom da impecabilidade. Nossa Senhora o possuiu; assim também os Apóstolos, no sentido de que, após da descida do Espírito Santo, nunca mais poderiam ter pecado gravemente. Tais pessoas são chamadas a se confirmar na graça, não através de um dom inerente, mas pelo fato de que, através da providência de Deus, a morte os leva em estado de graça. Essas oportunidades de morte são uma parte da ordem positiva de Deus a fim de assegurar a salvação final da alma: "O justo, ainda que morra prematuramente, terá repouso. Velhice venerável não é longevidade, nem é medida pelo número de anos; as cãs do homem são a inteligência e a velhice, uma vida imaculada" (Sabedoria IV, 7-9).

A menos que um homem seja dotado com o supremo dom da confirmação na graça, em nenhum momento de sua vida a sua virtude é tamanha que ele não possa cair sob a pressão da tentação; é sempre um ato misericordioso de Deus enviar a morte no momento em que se está em estado de graça. Tecnicamente, o grande teólogo espanhol João de Santo Tomás trata o assunto deste modo: "Se considerarmos a morte como condição indispensável para adquirir definitivamente o estado de graça e ser admitido à glória celeste, então a morte, vista assim, é um dom da providência especial de Deus. [...] O dom especial da morte pode ser tido como um favor excepcional de natureza externa, pois significa uma proteção particular da parte de Deus contra a tentação e contra os obstáculos que se colocam no caminho da glória eterna, para que não apareçam ou para que não vençam o homem caso surjam" (De Gratia, Disp. XXI, art. 2).

O segundo aspecto sobrenatural da morte, a satisfação da Justiça Divina, abre um vasto campo teológico. Podemos estabelecer aqui o princípio fundamental da satisfação pela morte humana em seu amplo aspecto. Devemos fazer uma distinção clara entre a morte e essas enfermidades sentidas mais ou menos conscientemente pelo homem, as quais, na maioria das vezes, precedem a morte e são suas mensageiras. O que dizemos sobre a morte neste livro deve ser entendido exclusivamente no sentido do cessar da vida; se essa cessação é ou não dolorosa, não afeta em nada nossa conjectura. O abandono da vida, o retorno do homem ao pó do qual ele foi formado, é a morte, com todas as suas implicações teológicas. Na competência sobrenatural de Deus, trata-se de uma completa expiação de todo pecado, desde que incluamos no ciclo da morte humana a morte do Deus-Homem, Jesus Cristo, conforme deve ser incluída. É uma proposição universal, inexpugnável para os cristãos, que a morte tem satisfeito o pecado do homem. Nenhum outro acontecimento humano chega a esse efeito na mesma extensão. A relação existente entre a morte dos incontáveis seres humanos comuns e a morte do Filho de Deus será vista em outro lugar; mas podemos considerar, de imediato, a dimensão em que a morte de cada indivíduo é um poder de satisfação do pecado. Que a morte é o modo mais comum e mais eficiente de pagar a Deus o que é tecnicamente chamado de "débito da punição temporal", fica evidente nas palavras com as quais Deus anunciou a Adão os resultados de seu pecado. Acima de tudo, devemos tomar como a mais potente purificação da alma a morte do cristão que aceita conscientemente e de bom grado o castigo em união com a morte de Cristo. Há mais, de fato; há na morte uma possibilidade de justiça e santificação que vai além de sua característica penal. O homem pode morrer por causa da justiça, como um mártir para Cristo, como uma testemunha da fé de Cristo. Assim, o martírio deve incluir a morte: *Mors est de ratione martyrii (*II-II, Q. 124, ar. 4).

No martírio, a morte é uma glória, independentemente das virtudes que se puderam ter diluído enquanto o mártir definhava em seus tormentos. Morrer pela Fé de Cristo é o enobrecimento supremo da morte humana, é seu maior papel sobrenatural na esfera meramente humana.

A terceira ligação que a morte tem com a vida sobrenatural é de caráter menos positivo que os dois precedentes, embora sua importância teológica seja insondável. Através da morte, vem uma súbita e permanente paralisação do movimento da alma do homem que fora produzido pela graça de Deus. O período de mudança espiritual, de mérito, de progresso, está terminado para sempre. A partir de agora pode haver a manifestação da vida que está no homem através da graça, mas não pode haver avanço no caminho de santidade; a morte destrói no homem a capacidade de mudar, progredir, de elevar-se mais. O seu "poder de mérito", como é tecnicamente chamado, desaparece na morte da mesma forma que a própria vida. Neste estágio, não consideramos o estado de imutabilidade no qual a alma do homem se encontra por sua separação do corpo na hora da morte; esse é um fator separado e será tratado neste livro no devido momento. Na morte, a alma do homem torna-se imutável. Mas essa não é a razão da tremenda interrupção em sua vida espiritual que a fé católica associa à morte. O homem cessa de merecer, de ganhar novas recompensas, pois a morte destrói nele todo o seu verdadeiro poder humano de trabalho. Todo o depósito sobrenatural de mérito pode ser e deve ser adquirido por obras feitas no corpo; não conhecemos nenhuma virtude que não seja uma ação corporal, por mais sublime e mística que a virtude seja: "Não fostes vós que me escolhestes, mas fui eu que vos escolhi e vos designei para irdes e produzirdes fruto e para que vosso fruto permaneça, a fim de que tudo o que me pedirdes ao Pai em meu nome Ele vos dê" (João XV, 16). A fertilidade referida no texto é ocorre sobre esta terra; não haverá fertilidade daqui em diante, somente a colheita dos frutos. O cessar dos méritos na morte é uma doutrina essencial na visão católica da justificação e salvação do homem. Inumeráveis autoridades poderiam ser citadas para mostrar a perseverante convicção da Igreja de que a presente vida é a única chance do homem de fazer trabalhos que serão recompensados com felicidade absolutamente celeste: "Enquanto é dia, temos de realizar as obras daquele que me enviou; vem a noite, quando ninguém pode trabalhar" (João IX, 4). Em tais palavras, sem dúvida, Cristo declara essa grande verdade. O cristianismo seria muito incompreensível se não considerássemos a morte corporal do homem como absoluta e um limite final de suas possibilidades espirituais. O grande sistematizador da prática da vida espiritual no século sexto, São Bento, exprime a mentalidade da Igreja em seu período, um período de grande maturidade na consciência cristã: "E, se, fugindo das penas do inferno, queremos chegar à vida eterna, enquanto é tempo, e ainda estamos neste corpo e é possível realizar todas essas coisas no decorrer desta vida de luz, cumpre correr e agir, agora, de forma que nos aproveite para sempre" (Prólogo da Regra de São Bento). Seria difícil dar a razão última pela qual, na dispensação da graça de Deus, a morte se tornou o limite intransitável. Esta é uma ordem positiva ou faz parte da própria natureza das coisas? É certo que, na morte, o homem deixa de ser verdadeiramente homem; embora seu espírito viva, ele não faz mais as ações humanas. Assim, parece inevitável que o mérito e o progresso sejam paralisados. As glórias que vêm à alma que entra no céu, o esplendor do corpo elevado no dia da Ressurreição geral, não serão coisas novas, serão meramente a manifestação das perfeições que estavam em nós quando estávamos vivos e morremos no estado sobrenatural: "Amados, desde já somos filhos de Deus, mas o que nós seremos ainda não se manifestou. Sabemos que por ocasião desta manifestação seremos semelhantes a Ele, porque o veremos tal como Ele é" (1 João III, 2).

CAPÍTULO III
A NATUREZA PROVISÓRIA DA MORTE

Nada é mais certo na fé cristã do que a natureza provisória da morte. Por mais vagamente que os santos da Antiga Lei possam ter apreendido essa verdade, a ideia de que a morte não é definitiva, mas apenas provisória, se estabeleceu com insuperável esplendor de certeza por causa da ressurreição de Cristo dos mortos. Nas palavras de São Paulo, Jesus Cristo "não só destruiu a morte, mas também fez brilhar a vida e a imortalidade pelo Evangelho" (2 Timóteo I, 10). A morte, na fraseologia do Novo Testamento, é considerada um inimigo a ser vencido por Deus. A morte é personificada, não somente no Apocalipse de São João, mas também nos escritos dos Apóstolos, e é assim muito representada na arte e literatura medievais. Se o trabalho de Deus for de todo bem-sucedido, esse tirano inflexível deverá ser superado por completo.

Devemos fazer uma distinção entre a doutrina da Ressurreição e esta outra verdade, a destruição da morte e sua última derrota. Pode-se dizer que a crença cristã na vitória final de Deus sobre a morte é maior e mais compreensível que a fé na Ressurreição, pois levantar-se dos mortos pode seguir-se, pelo menos hipoteticamente, de outra morte, enquanto este triunfo sobre a morte de que o Novo Testamento fala é uma completa abolição da morte para sempre, sob todas as circunstâncias, para os bons e para os maus. Esta doutrina está além de toda dúvida e é importante em nossos dias para dar ênfase sobre esse dogma da Igreja. Hoje, mais do que nunca, o homem prega uma restauração das coisas em Cristo que não contém a destruição da morte; falam até mesmo da Ressurreição na Pessoa de Cristo e também da raça humana, em termos que não expressam verdadeiramente a vitória de Deus sobre a morte. Ao homem, dizem, é dada uma nova vida. Após a morte, nascem novas existências; o espírito triunfa sobre a morte no sentido de que sobrevive a ela, ridiculariza-a, foge dela em um triunfo místico, mas a morte, como tal, não é superada. Isso não é o cristianismo. A não ser que professemos que Deus abolirá um dia a perfeita ordem de coisas que estabeleceu quando disse ao homem: "Deves morrer", não teremos alcançado todo o poder da Redenção de Cristo. O pensamento católico é totalmente dócil ao feliz estado das almas eleitas durante o período de espera que precede a ressurreição da carne; de fato, estamos tão acostumados à relação com os santos em seu atual estado fora da carne, que um dos trabalhos dos acurados teólogos é lembrar ao povo cristão que o estado presente do eleito, mesmo de bem-aventurança, não é a forma da gloriosa consumação para a qual todas as coisas trabalham na grande dispensação do mistério de Cristo. Somos inclinados, mais ou menos conscientemente, a dotar os espíritos dos santos com essa condição de personalidade humana completa que só será real e verdadeira após a Ressurreição. Mas, mesmo se as prerrogativas espirituais do eleito em sua existência fora do corpo forem maiores do que são, decerto essa felicidade absoluta não é, em sentido algum, aquela vitória sobre a morte que é o próprio triunfo e glória de Cristo. Por meio de uma hipótese ousada, suponhamos que esses eleitos receberam um corpo pela onipotência de Deus, inteiramente desconectado de qualquer coisa que eles possuíram nos dias mortais. Tal ato não seria o triunfo sobre a morte, isto é, o supremo ato de Cristo e a evidência final de sua posse de todo poder. As palavras de Nossas Escrituras são tão significativas que nada, apenas uma total reversão das condições existentes desde a queda do homem, vai fazer-lhes justiça. A morte é destruída por Cristo. A morte é tragada por Cristo "que, tendo subido ao céu, está à direita de Deus" (1 Pedro III, 22). A morte é dizimada, como o pecado é dizimado, por Cristo. A raça humana, através do poder de Cristo como seu Redentor, será uma raça de seres que estavam mortos e reviveram para sempre, da mesma forma que Cristo esteve morto e vive para sempre, como se a morte nunca os tivesse tocado, tão completo é o domínio de Cristo sobre a morte.

É de fé admitir que não só os eleitos ressurgirão dos mortos, mas toda a raça humana, bons e maus: "Não vos admireis com isto: vem a hora em que todos os que repousam nos sepulcros ouvirão sua voz" (João V, 28). A ressurreição dos eleitos e sua imortalidade não apresentam nenhuma dificuldade especial, uma vez que podemos conceder facilmente a Cristo o poder de derramar dons de vida sobrenaturais sobre aqueles abençoados que partilham sua vida. Mas como explicaremos a imortalidade dos réprobos? Aqui, de fato, não podemos dar como explicação a outorga sobre eles das vitalidades sobrenaturais, visto que, por definição, eles estão excluídos de todas essas vitalidades. Neste ponto, é necessário um dogma mais vasto que o dogma da ressurreição sobrenatural em Cristo; necessitamos do dogma da vitória universal de Cristo sobre a morte, não somente na ordem sobrenatural, mas também na ordem natural. Como a humanidade, universalmente falando, prescindindo da ordem natural e sobrenatural, será tornada eternamente inacessível para a morte, não precisamos explicar aqui. O novo mundo que Deus fará, distante do velho, terá propriedades e qualidades que esta presente ordem das coisas não conhece, mesmo no lado material.

CAPÍTULO IV
A Morte do Filho de Deus

Haveria uma grave omissão em nossas especulações sobre a morte se não déssemos atenção ao mistério da morte de Jesus Cristo, o Filho de Deus. O fato de que o Deus Encarnado morreu afeta tão profundamente a teologia cristã sobre a morte que alguém poderia dizer que, para o cristão, a morte tem um significado inteiramente diferente de sua significância no pensamento exclusivamente pagão. É, de fato, evidente que o evento da morte de Cristo na cruz pode ser estudado, e pode realmente ser estudado de muitos ângulos diferentes. Acima de tudo, esta grande morte é o supremo ritual de sacrifício da Nova Aliança, mas nada é mais certo na teologia católica que a relação de todos os acontecimentos da trajetória de Cristo aos acontecimentos da vida ordinária dos seres humanos. Assim, todas as ações virtuosas do Deus-Homem aqui na terra têm uma influência direta em nossos atos e virtudes, e devemos ter a certeza de que a morte do homem é imediatamente afetada, de alguma maneira verdadeiramente misteriosa, pela morte do Filho de Deus. Se o próprio Deus morreu, se

Deus, em algum momento, esteve entre os mortos, a morte não pode mais ser um mal completo: estar morto não é uma condição desesperada e sem esperança; morrer não pode ser mais um assunto de terror real: "Uma vez que os filhos têm em comum carne e sangue, por isso também ele participou da mesma condição, a fim de destruir pela morte o dominador da morte, isto é, o diabo, e libertar aqueles que, pelo medo da morte, estavam toda a vida sujeitos a uma verdadeira escravidão" (Hebreus II, 14-15). Há, como sabemos, na morte de Cristo este valor supremo de satisfação à justiça de Deus através do qual temos confiança em Deus a todo momento, na vida e na morte; mas há também, na morte de Cristo, o aspecto do exemplo no mais elevado grau: Cristo morreu a fim de partilhar desta condição humana universal, e para dar aquela condição de esplendoroso sustento da sua personalidade. Assim, é um pensamento muito recorrente na teologia do Novo Testamento que entre a vida e a morte não há maior abismo real, pois Cristo, tendo experimentado ambas as condições, a vida e a morte, fez uma ponte entre o abismo dos dois: "Nenhum de nós vive para si, e ninguém morre para si. 8.Se vivemos, vivemos para o Senhor; se morremos, morremos para o Senhor. Quer vivamos, quer morramos, pertencemos ao Senhor. 9.Para isso é que morreu Cristo e retomou a vida, para ser o Senhor tanto dos mortos como dos vivos" (Romanos XIV 7-9). A vida e a morte são lucro para o cristão: "Tudo é vosso [...] o mundo, a vida, a morte, o presente e o futuro" (I Coríntios III, 22).

A devoção do povo cristão a Cristo em sua morte é uma das mais vibrantes e profundas manifestações do gênio de nosso espírito, pois a glória da morte de Cristo é a fonte da alegria cristã: "A morte e a vida lutaram num estranho duelo. O Rei da vida, morto, Reina vivo" (Sequência da Páscoa). A Igreja, em sua liturgia, nunca se cansou de cultivar a ideia de que através da morte temos vida, de que na morte somos vivificados, de que a morte de Deus é o nascimento do homem. A morte não é a mais catastrófica das coisas, mas, por meio de Cristo, tornou-se uma das funções de nossa vida sobrenatural no Filho de Deus; a nós é bom morrer, assim como Cristo morreu: "Portanto, não nos destinou Deus para a ira, mas sim para alcançarmos a salvação, por nosso Senhor Jesus Cristo, que morreu por nós, a fim de que nós, na vigília ou no sono, vivamos em união com ele. Consolai-vos, pois, e edificai-vos mutuamente como já fazeis" (1 Tessalonicenses V, 9-11).

Não devemos omitir aqui certas considerações que pertencem mais diretamente a um tratado da Encarnação, mas cuja conexão com o presente assunto é evidente. Embora a teologia católica defenda a exemplaridade da morte de Cristo e a considere um pensamento central na mentalidade cristã, é também sua preocupação apresentar as diferenças entre a morte de Cristo e o falecimento de todos os outros seres humanos. É evidente que há profundas diferenças. A única coisa certa na morte de Cristo é que o seu Espírito, a sua Alma, deixou o Corpo: "Padeceu a morte em sua carne, mas foi vivificado quanto ao espírito" (1 Pedro III, 18). Talvez possamos dizer que a morte de Cristo é a única que consiste precisamente nisto: a alma foi separada do corpo. Sabemos com certeza que a Natureza Divina não se separou do Corpo de Cristo na morte. O Corpo que José de Arimateia e Nicodemos colocaram na tumba permaneceu como o Templo da Divindade, continuou tão completamente e imediatamente unido de modo hipostático com a Segunda Pessoa da Trindade quanto estivera enquanto vivia. Ademais, sabemos que o Santíssimo Corpo nunca conheceu a corrupção, o processo da desintegração orgânica não faz parte da morte de Cristo. Por esta e outras razões, os doutores da Igreja sempre olharam a morte de Cristo como uma das maravilhas da Encarnação; eles nunca caíram na tentação de acrescentar indignidades de modo a tornar o magno Sacrifício ainda mais impressionante à imaginação.

CAPÍTULO V

A Alma do Homem na Morte

Tornou-se um costume inextirpável dos escritores filosóficos a aplicação do termo imortalidade, não ao organismo corporal do homem, mas à sua alma. Da alma, pergunta-se se ela é mortal ou imortal, e na fraseologia moderna toda a questão da imortalidade do homem gira em torno do ponto intensamente debatido de se a alma humana sobrevive ou não à desintegração do corpo. Que a doutrina primordial da imortalidade no pensamento cristão está primariamente preocupada com todo o homem, com o homem em sua forma corporal, bem como em seus elementos espirituais, parece ser uma ideia para sempre removida dos intelectos contemporâneos. As revelações no Novo Testamento acerca da imortalidade são, como vimos, expressões invariáveis de uma fé vasta, a total restauração do homem em Cristo; a sobrevivência da alma é insinuada, mas o entusiasmo inspirado de São Paulo quanto ao nosso estado futuro revela, sem exceção, o senso de vitória sobre a morte corporal através da ressurreição da carne.

Com essa expressão esmagadora na filosofia moderna e na literatura teológica, torna-se inevitável que o grande problema da sobrevivência da alma do homem seja descrito como o problema da imortalidade da alma; mas seria suficiente, e muito mais lógico, falar da espiritualidade da alma. Se for admitido que a alma do homem é uma substância verdadeiramente espiritual, sem elemento material em sua composição, então a sua impenetrabilidade pela morte, a tão chamada imortalidade, será estabelecida definitivamente. Nenhum homem em sã consciência hesitaria por qualquer instante em admitir essa conclusão.

A morte não faz nenhuma diferença ao estado real da alma, não se torna ela nem mais espiritual e nem menos imperecível que na duração da vida do homem; ela permanece o que sempre foi – uma substância espiritual sem mistura. Assim, o problema da imortalidade e sobrevivência da alma não diferiria no momento da morte; a consideração seria formulada e discutida em todas as fases da vida do homem: em seu nascimento, na maturidade de seus poderes de consciência e no período de sua decadência. Há ou não no homem uma substância espiritual chamada "alma" que é superior a toda vida sensível? Se essa grandiosa pergunta for respondida de forma afirmativa, então teremos a imortalidade da alma, mesmo se tomarmos a vida consciente de uma criança como campo de nossa investigação filosófica. O único novo problema que a alma apresentaria é o mistério da habitação da alma, como poderíamos chamar, quando a habitação corporal desfrutada vira um deserto uivante de desintegração. Embora o grande problema da imortalidade da alma não seja levantado primeiro por conta da morte, mas se torne mais aguda por isso, é natural ao homem, ao ver a personalidade humana levada dessa forma ao nada, perguntar-se com insistência e ansiedade redobrada se há algo em si que dure para sempre, se ele pode de fato dizer de si que *non totus moriar*. Assim, desse ponto de vista, a sobrevivência da alma se associa mais particularmente à morte, embora as razões pelas quais a doutrina cristã baseia a possibilidade dessa sobrevivência sejam razões que valem por todo o período e condição da vida humana. O único campo sobre o qual podemos estabelecer o princípio de que a alma não pode morrer é este: que ela é espiritual e sempre o foi; não há uma prova da morte através de algo oculto, de uma qualidade extrínseca que somente se faz valer na demolição do corpo.

As evidências que estabelecem a doutrina de que há no homem uma substância verdadeiramente espiritual, unida ao corpo, embora independente dele, são, em última análise, facilmente classificadas em três categorias. A primeira é toda a atitude da Igreja cristã, que assume uma alma espiritual no homem. Em segundo lugar, a tradição natural e histórica da humanidade. Finalmente, em terceiro lugar, temos as descobertas e conclusões da filosofia espiritualista dos gregos até os nossos dias.

Chamo de atitude o testemunho da Igreja quanto a essa questão. O fato é que o catolicismo, em toda sua apresentação da vida espiritual como efusão do Espírito Santo, postula no homem um espírito destinatário das graças do Paráclito, do poder regenerador dos Sacramentos, da união mística com Cristo. A visão prática da Igreja sobre o homem, sobre todo homem, é a de que, se não houvesse nele uma coisa maior que a carne e o sangue, o ministério da Igreja não teria significado.

Pouco é dito, tanto no Antigo quanto no Novo Testamento, a respeito da alma do homem em forte contradição com o corpo, como é feito largamente nos escritos não inspirados e na literatura religiosa mais moderna. Como já dissemos, o cristianismo fundou a sua própria esperança da imortalidade na vitória de Cristo sobre a morte, e nunca pensou ser necessário explicar a imortalidade da alma com insistência febril, de modo a fortalecer a crença dos cristãos na vida eterna. Mas a vida em Cristo como proposta pelo cristianismo é tal que requer, a todo instante, esta imagem e semelhança de Deus que é a alma espiritual.

A humanidade sempre acreditou em um espírito no homem, um espírito que poderia retirar-se do corpo na morte. Mas, uma vez que é de interesse menor do homem saber que há nele uma alma espiritual enquanto aprecia as boas coisas da vida que são asseguradas que na morte todas as chances de existência não chegam a um fim, esta fé irracional tem, certamente, sido mais aplicada em relação aos mortos do que aos vivos. Assim, em relação à maioria dos homens, essa grande questão filosófica e religiosa toma mais urgência em ligação com a morte do que durante a vida. Tudo isso implica que a imensa maioria dos seres humanos sempre sustentou a convicção de que no homem haveria um espírito que sairia dele no momento de sua morte corporal.

As descobertas da psicologia racional são variadas em seu modo de abordagem, mas possuem algo em comum. As atividades do homem durante a vida são de um tipo que pressupõe nele um princípio transcendente à matéria, sentido, espaço e tempo. Seja como for que denominemos essa tremenda força – o senso de dever, o desejo da imortalidade, o amor à beleza ou a universalidade do pensamento –, é sempre a mesma realidade misteriosa: uma atividade no homem que é limitada pela vida sensível. Portanto, o princípio de tal atividade, a alma, ultrapassa, em última análise, os sentidos. Mas não devo prosseguir nesta linha de pensamento; inúmeros volumes poderiam ser escritos sobre isso.

Admira-me ter-se expresso muitas vezes que por todo o Velho Testamento há um completo silêncio a respeito do tema da alma do homem e do destino da alma na morte. Os críticos vão longe ao acusar os escritores do Antigo Testamento de materialismo, de falta de fé em outra vida. Mas essa mesma censura também deveria ser feita contra o Novo Testamento; não é fácil encontrar uma menção especial e nítida à alma nem nos Evangelhos, nem nas Epístolas; é sempre o homem o tema dos escritores inspirados.

Não há nada mais claro que a visão dos dois Testamentos sobre o homem. Tanto individualmente quanto coletivamente, o homem é essencialmente um ser com responsabilidades morais definidas, das mais elevadas, em todos os tempos. Deus em juízo com o homem tem clara relação com ele, tanto em seu estado social quanto individual. Pode-se encontrar aqui uma diferença entre o Antigo e o Novo Testamento, a de que os escritores e profetas antigos estavam mais preocupados com a humanidade como nação, enquanto o Novo Testamento se preocupa mais com o homem individualmente. Mas, até mesmo essa distinção não deve ser urgida, uma vez que a vida coletiva dos cristãos não é menos pronunciada que a vida coletiva da raça judia, essa noiva perene de Deus. Não deveríamos ver nessa uniformidade de pensamento dos escritores inspirados um sinal de seu supremo domínio da verdadeira natureza e missão do homem? Certamente, seria uma imensa perda para nossa literatura religiosa se os profetas e apóstolos tivessem abandonado seu estilo vasto de visualizar a humanidade e tivessem submergido à mera solicitação acerca das almas individuais. Lembremo-nos sempre de que os escritores inspirados são o que são porque expressam não os pensamentos do homem, mas os pensamentos de Deus.

CAPÍTULO VI

A O Estado da Alma Humana após a Morte

Uma vez admitida a sobrevivência da alma do homem após a desintegração da morte, surge a fascinante, embora desconcertante, questão das condições nas quais a alma existe quando separada do corpo. Essa grave questão, embora obscura, sempre exerceu fascínio à mente humana. Desde o culto dos Santos à necromancia, os poderes dos espíritos humanos desencarnados sempre tiveram grande papel na história religiosa da humanidade. Os dados da revelação católica são claros, mas poucos, e tratam somente das almas dos eleitos, os salvos. Na morte, diz a Igreja Católica, a alma humana, se estiver em um estado de caridade perfeita, entrará na felicidade celestial absoluta, sem qualquer demora. Ela contemplará a Visão de Deus de modo inteiramente intelectual, em um grau correspondente aos méritos sobrenaturais adquiridos durante a vida. A alma não estará num estado de inconsciência, e sim totalmente consciente de sua existência, da sua eleição e de sua derradeira fuga do mal. Em grande medida, ficará em um estado de expectativa, esperando pela reunião com o corpo; sem o que a vida humana, mesmo sua vida glorificada, não poderá ser repleta e inteira. Nessa condição de felicidade fora do corpo, as almas dos salvos constituem uma porção da Igreja de Cristo; eles são a Igreja Triunfante; estão em comunhão com a Igreja na terra, recebem nossas orações e intercedem por nós diante do Trono de Deus.

Se a alma do cristão, embora em estado de graça na morte, não estiver em perfeita caridade, a sua admissão ao paraíso será retardada; a alma é aperfeiçoada através de um processo misterioso chamado purgatório. Os espíritos desencarnados nessa situação são também parte da Igreja; são a Igreja Sofredora; estão em comunhão, de forma passiva, com o restante da Igreja, recebendo os benefícios da intercessão de todos os outros cristãos.

Todas essas coisas perfeitamente ditas em outras partes desta série; minha tarefa é tornar claras as condições mais íntimas da alma humana fora do corpo, condições que aplicaremos a todas as almas, independentemente do estado sobrenatural, da felicidade ou miséria.

A questão a ser tratada aqui, tanto quanto for possível fazer, é o estado psicológico especial dos espíritos que estão mortos. O que é a separação do corpo pela alma humana? Quais poderes, qual estado de consciência e qual conhecimento ela possui? Em outras palavras, estamos tentando descobrir os resultados naturais da morte sobre a alma. Nesta investigação, temos somente a filosofia para guiar-nos; todas as nossas conclusões vêm de um verdadeiro entendimento da diferença entre matéria e espírito, sentido e intelecto.

Tal estudo foi feito com grande cuidado e assiduidade por pensadores católicos, sobretudo pelos filósofos escolásticos; eles nos deixaram um conjunto de especulações que é a última palavra sobre esse complexo assunto; de fato, foram tão longe quanto um homem pode ir para dar a última palavra em um plano tão elevado de pensamento. Santo Tomás tem prioridade nessa questão, e seus raciocínios sobre a *Anima Separata* – a alma separada – são uma grande contribuição para a especulação católica. As Escrituras não podem nos ajudar nessa esfera de considerações abstratas; elas têm como certa a sobrevivência da alma, principalmente da alma eleita; quando tratam disso, necessariamente empregam todos os atributos de uma personalidade humana completa, atribuindo um comportamento que pertence ao estado ressurreto, quando corpo e alma estarão reunidos: "Quando abriu o quinto selo, vi sob o altar as almas dos que tinham sido imolados por causa da Palavra de Deus e do testemunho que dela tinham prestado. E eles clamaram em alta voz: 'Até quando, ó Senhor Santo e Verdadeiro, tardarás a fazer justiça, vingando nosso sangue contra os habitantes da terra?' A cada um deles foi dada, então, uma veste branca e foi-lhes dito, também, que repousassem por mais um pouco de tempo, até que se completasse o número dos seus companheiros e irmãos, que seriam mortos como eles" (Apocalipse VI, 9-11).

Fazemos a mesma coisa em nossa vida litúrgica. Referimos-nos aos santos no paraíso não como espíritos desencarnados, mas como personalidades humanas completamente constituídas. Não poderíamos, sob quaisquer circunstâncias, concebê-los no estado fora do corpo.

Os princípios filosóficos que possibilitaram aos pensadores católicos estabelecer a espiritualidade da alma humana de forma racional são também os princípios que os guiaram a estabelecer dados claros acerca da partida dos espíritos humanos do corpo. Dizemos que a alma do homem é inteiramente espiritual porque durante a vida ela tem operações inteiramente espirituais. A partir disso, Santo Tomás conclui, com todos os outros escolásticos, que somente tais porções ou poderes da alma humana podem ser encontrados no estado desencarnado, já que são inteiramente espirituais; toda a hipótese escolástica que diz respeito à sobrevivência da alma gira em torno de um fato: a completa imaterialidade de certos atos do homem na vida. Assim, eles chegam à conclusão racional de que permanecem após a morte somente aquelas coisas inteiramente imateriais, sem qualquer mistura de matéria e vida sensível. Supondo-se que o espírito fora da carne ainda possuísse elementos materiais ou da vida sensível, mesmo os de descrição mais refinada, não haveria razão, diz Santo Tomás, para também não concedermos imortalidade às almas dos animais. Se a vida sensível de qualquer tipo pudesse sobreviver à morte, então a alma animal poderia sobreviver à morte; mas essa hipótese é absurda para os pensadores católicos. Assim, todas as nossas premissas filosóficas postulam que somente uma substância inteiramente imaterial, com poderes e operações imateriais, pode sobreviver à morte. Consequentemente, a alma desencarnada do homem é, aos olhos dos filósofos católicos, um ser exclusivamente espiritual; é, de fato, um espírito.

A partir daí, percebemos que a filosofia católica, ao defender a sobrevivência da alma, admite que a destruição da morte é muito maior do que pensadores menos lógicos considerariam. Toda parte da alma humana que esteja envolvida com a vida sensível, mesmo do tipo mais elevado, perece na morte. Há no homem, de fato, a alma perecível, como Aristóteles já disse, mas há também nele a alma imperecível, como Aristóteles também dissera. Refiro-me exclusivamente à alma intelectual; à alma que permanece. Somente relembremos que, quando falamos de alma perecível e imperecível, não estamos falando de duas almas, mas de dois poderes diferentes na alma, cuja origem ou substância é inteiramente espiritual. Assim, ao espírito desencarnado do homem, são atribuídos pelo filósofo escolástico somente dois poderes, o de intelecção e o de volição; todas as outras operações, embora admiráveis esteticamente, são deixadas para trás na morte e perecem com o corpo. Assim, nossos mortos são, para nós, seres realmente misteriosos; podemos apenas pensar deles vestindo-os em nossa imaginação com uma humanidade que não mais lhes pertence, mas que será deles novamente quando a morte estiver destruída por Cristo.

A questão agora é: qual é a extensão desta vida intelectual e volitiva que os filósofos católicos atribuem à alma humana separada? A começar pelo intelecto. Santo Tomás está disposto a admitir à alma desencarnada uma medida de conhecimento verdadeiramente espantosa. O princípio orientador que o *Aquinate* segue é este: através da morte, a alma do homem torna-se um espírito no genuíno sentido da palavra, embora seja o mais baixo grau de espírito; por conseguinte, envolve-se com atividades espirituais, recebe tudo o que um espírito deve possuir. Como já foi dito, isso não tem relação com a santidade ou falta de santidade; tal alargamento intelectual não significaria felicidade, a não ser que outros fatores de ordem sobrenatural entrassem em cena. A alma é naturalmente um espírito após a morte, seja para a felicidade ou para a desgraça. Não podemos, de fato, entrar em detalhes; Santo Tomás é sábio o suficiente para não fazê-lo. Não podemos dar uma descrição da nova vida intelectual da alma desencarnada; tudo o que podemos dizer é que ela é um espírito, um espírito inferior, mas ainda assim um espírito, e que conhece todas as coisas que pertencem naturalmente a essa esfera.

A volição da alma desencarnada é um assunto não desprovido de seus terrores, visto que a felicidade e santidade, bem como seus contrários, dependem da condição da vontade do homem. Entretanto, apesar de todos os teólogos admitirem que o espírito, de qualquer grau, possui uma vontade imutável e inalterável, nem mesmo os escolásticos são unânimes na explicação dessa imutabilidade, apesar de admiti-la como fato. Alguns dizem que ela vem da recusa da graça de Deus; outros pensam que a sua raiz está na essência natural do espírito. Mas um fato certo e – como eu disse - aterrador não admite dúvida: a alma humana fora da carne, como todos os outros espíritos, tem sua vontade fixada de forma inalterável; permanece na mesma lealdade que abraçou no fim da vida, seja ela a Deus, seja ao eu.

Um ponto interessante levantado pelos pensadores católicos acrescenta: as almas humanas fora da carne são dotadas de certos poderes executivos de ação, de fazer, ou melhor, de mover-se, no sentido espiritual de movimento? Aqueles espíritos que chamamos de anjos ou demônios certamente têm esses poderes. Alguns escolásticos, como os Scotistas, não hesitam em reconhecer que as almas dos mortos podem fazer coisas da mesma forma que os outros espíritos. Santo Tomás parece hesitar, embora para ele o assunto não admita dúvida; um cuidadoso estudo de seus trabalhos revela o fato de que ele também atribui poderes de ação aos mortos; ele recorre ao princípio universal de que as almas humanas se tornaram espíritos puros e devem possuir espírito de vida, por mais exíguo que este possa ser.

A alma humana fora da carne dificilmente poderia ser chamada de pessoa humana, ela é uma pessoa imperfeita, como uma substância incompleta; tem uma capacidade inata, chamada de desejo natural de se reunir com o corpo, por isso é somente no duplo estado de sensibilidade e espírito que a personalidade é inteira e tem o alcance total de suas atividades. Essas considerações, que são o melhor que os filósofos católicos podem oferecer, não apresentam uma visão alegre do mundo dos mortos. Mesmo independentemente da possibilidade de reprovação efetiva, a alma humana, separada do corpo, fora da esfera sobrenatural, deve ser considerada como um ser humano mutilado, alguém que está privado do esplendor da vida humana e da personalidade humana, pois, embora nossos teólogos concedam atividades espirituais, tais poderes não são satisfação real para as almas que os possuem. Não nos surpreende, portanto, descobrir que a tradição humana, sem das influências da revelação cristã, assumiu uma visão obscura do domínio da morte.

CAPÍTULO VII

AS RELAÇÕES DOS VIVOS COM OS MORTOS

É uma das mais antigas crenças da humanidade a de que os vivos podem, sob certas circunstâncias, entrar em contato com os mortos. Essa superstição, se devemos dar tal nome a essa crença, é pelo menos uma evidência de que o homem sempre admitiu, na prática, algum tipo de sobrevivência da personalidade humana após a morte. Seria difícil descrever com exatidão o tipo de existência que o homem atribuía aos mortos, que os tenha dotado com substância e realidade suficientes para fazê-los agentes do bem e do mal na vida prática. Nas partes mais antigas das Escrituras, em Deuteronômio, encontramos essa prática da comunicação com os mortos condenada como um dos grandes pecados entre as raças condenadas de Canaã: "Não se ache no meio de ti quem faça passar pelo fogo seu filho ou sua filha, nem quem se dê à adivinhação, à astrologia, aos agouros, ao feiticismo, à magia ou à invocação dos mortos, porque o Senhor, teu Deus, abomina aqueles que se dão a essas práticas, e é por causa dessas abominações que o Senhor, teu Deus, expulsa diante de ti essas nações" (Deuteronômio XVIII, 10-12). O mais antigo exemplo de necromancia encontrado na Bíblia é uma tentativa de consultar alguém que estava entre os mortos para saber sobre o futuro; o rei Saul foi à adivinha de Endor: "Predize-me o futuro, evocando um morto; faze-me vir aquele que eu te designar". O restante da história pode ser relatado com o texto completo, pois os métodos de necromancia não foram alterados no decurso dos séculos:

> *Respondeu-lhe a mulher: "Tu bem sabes o que fez Saul, como expulsou da terra os necromantes e os adivinhos. Por que me armas ciladas para matar-me?". Saul, porém, jurou-lhe pelo Senhor: "Por Deus – disse ele –, não te acontecerá mal algum por causa disso".Disse-lhe então a mulher: "A quem evocarei?". "Evoca-me Samuel." .E a mulher, tendo visto Samuel, soltou um grande grito: "Por que me enganaste? – disse ela ao rei –. "Tu és Saul!" .E o rei: "Não temas! Que vês?". A mulher: "Vejo um deus que sobe da terra"."Qual é o seu aspecto?" "É um ancião, envolto num manto." Saul compreendeu que era Samuel e prostrou-se com o rosto por terra.Samuel disse ao rei: "Por que me incomodaste, fazendo-me subir aqui?". "Estou em grande angústia – disse o rei –. "Os filisteus atacam-me e Deus se retirou de mim, não me respondendo mais, nem por profetas, nem por sonhos. Chamei-te para que me indiques o que devo fazer." .Samuel disse-lhe: "Por que me consultas, uma vez que o Senhor se retirou de ti, tornando-se teu adversário?. Fez o Senhor como tinha anunciado pela minha boca: ele*

tira a realeza de tua mão para dá-la a outro, a Davi. Não obedeceste à voz do Senhor e não fizeste sentir a Amalec o fogo de sua cólera; eis por que o Senhor te trata hoje assim. E mais: o Senhor vai entregar Israel, juntamente contigo, nas mãos dos filisteus. Amanhã, tu e teus filhos estareis comigo e o Senhor entregará aos filisteus o acampamento de Israel". Saul, atemorizado com as palavras de Samuel, caiu estendido por terra, pois estava extenuado, nada tendo comido todo aquele dia e toda aquela noite (Reis XXXVIII, 11-16).

A partir dessa longa narrativa tirada do Livro dos Reis, podemos deduzir o que se entende no Deuteronômio, documento da Bíblia mais antiga, pela expressão "procurar a verdade dos mortos". Não significa meramente um tipo de observância vã pelo qual significados definidos seriam ligados aos acontecimentos concernentes aos corpos dos mortos; por mortos, queremos dizer espíritos que não são vistos, mas aos quais são atribuídos certos conhecimentos e que podem, em dadas circunstâncias, comunicar esses conhecimentos aos vivos. Diremos *a priori* que essa antiga crença da humanidade é uma completa fraude, e que os mortos são impotentes para fazer qualquer coisa a favor ou contra o homem? Aqui, de fato, devo lembrar ao leitor que estou preocupado apenas com o aspecto natural do problema; a comunicação que os vivos podem ter com os santos mortos, com os eleitos, os espíritos dos justos, é um assunto completamente diferente, que pertence a um grande mistério, a Comunhão dos Santos; nessa esfera abençoada, qualquer coisa pode ocorrer na providência de Deus, os santos podem aparecer aos vivos e ajudá-los, guiá-los e ensiná-los sobre a salvação eterna. Nosso assunto não demanda essa situação excepcional; estamos simplesmente perguntando se os espíritos dos mortos – em outras palavras, os mortos – têm poder de influenciar os vivos. Essa questão pode ser abordada a partir de três pontos de vista diferentes. Primeiro, podemos perguntar de forma abstrata se algum espírito pode se manifestar ao homem. Segundo, podemos inquirir se esta classe especial de espírito, a alma humana fora da carne, tem poder para fazê-lo. O terceiro ponto é de uma ordem geral: uma vez garantido que os espíritos têm esse poder, é permitido, dentro da providência de Deus, que o exerçam? Devemos aqui reconhecer a diferença entre o *absoluto* e o *condicional* nas determinações Divinas. Deus, em sua onipotência, pode impedir que espíritos de todas as classes exerçam esse poder, ou pode permitir que o façam, mesmo que essa atividade seja contra os seus comandos, e seja, de fato, um pecado da parte dos espíritos.

Há tão grande quantidade de tradições em que os espíritos não podem exercer poder sobre o homem, mas podem se lhe manifestar, comunicando-se em sua própria linguagem, que seria temerário negar ao mundo espiritual o privilégio de comunicação com a humanidade. Temos por certo que um espírito, quando passa a conversar com um homem, o faz sob as formas humanas definidas que pode assumir; pouco importa para nosso objetivo se essas formas são impressões meramente subjetivas dos sentidos humanos ou se têm alguma consistência objetiva. Os santos do paraíso vieram e falaram com seus irmãos e devotos na terra, os anjos têm aparecido, e aos demônios foi permitido tentar os discípulos de Cristo da mesma forma que tentaram o próprio Mestre no deserto. Devemos excetuar a alma humana fora do corpo em seu estado natural? Não parece haver nenhuma razão *a priori* pela qual devêssemos fazê-lo a alma humana separada possui qualidades espirituais, e aqueles poderes que os espíritos possuem ordinariamente devem ser-lhe concedidos. Podemos, de fato, limitar tais poderes à menor gama possível compatível com uma natureza espiritual – afinal, a alma fora de seu corpo é a mais baixa e fraca forma de espírito –, mas seria ilógico recusar-lhes as atividades espirituais, movimentos espirituais. Então, eu não deveria aconselhar a qualquer antagonista da necromancia e espiritismo basear suas denúncias a essa arte obscura na impotência dos espíritos para algo; é possível que tais espíritos possam ser capazes, e até possam ser liberados a fazer muito. Assim, é realmente uma questão de ordem Divina. Deus permite essa comunicação, no sentido de que ele não a inibe, através de algum ato de sua providência, as atividades dos espíritos humanos desencarnados? Sabemos, de fato, que Ele não proíbe as atividades dos demônios em absoluto, embora limite-as e confine-as para não perecermos. Esta é a intenção de nossa oração diária após a Missa: "São Miguel Arcanjo, protegei-nos no combate, cobri-nos com vosso escudo contra os embustes e ciladas do demônio. Subjugue-o Deus, o pedimos; e vós, príncipe da milícia celeste, pela virtude Divina, precipitai no inferno a Satanás e a todos os outros espíritos malignos que andam pelo mundo procurando perder as almas". É nosso constante pedido que Deus nos defenda contra nossos inimigos espirituais; recebemos a armadura do Espírito pela qual podemos ser capazes de resistir-lhes. Deus restringe a alma humana má em seu estado desencarnado da mesma maneira? Uso aqui o termo "mal" em relação às almas dos mortos, pois estamos preocupados somente com os espíritos que não habitam nem o purgatório, nem o paraíso com Cristo. Sobre os princípios gerais teológicos e psicológicos, seria seguro assumir que Deus trata os espíritos humanos da mesma forma que trata todos os outros espíritos; assim, podemos estabelecer a mesma atitude que a humanidade mantém instintivamente por muitas eras e atribuído reais poderes aos mortos, podemos dar-lhes iniciativa, podemos aceitar sem hesitação a possibilidade de que certos espíritos humanos podem fazer com que suas presenças sejam sentidas entre os vivos, especialmente naqueles lugares que eram os de suas atividades humanas.

Assim, nossas considerações são reduzidas a esta simples questão: se é ou não permitido ao homem aqui na terra tentar entrar em contato com os mortos e, nas palavras de Deuteronômio, procurar a verdade deles. Desde já, é evidente que a Igreja Católica nunca hesitou em condenar todo tipo de espiritismo; para ela, o espiritismo é necromancia. Não preciso entrar aqui nas fases do espiritismo moderno; a "procura da verdade pelos mortos" é uma das feridas mais sérias em nossa sociedade moderna. Não há dúvida de que coisas estranhas acontecem nas sessões espíritas; seria, entretanto, precipitado tratar isso tudo como ilusão ou fraude. Os escritores ortodoxos diferem em suas interpretações quanto à origem dessas ocorrências alarmantes. Alguns dizem que os espíritos maus, os demônios, os anjos caídos, são os poderes das trevas que se manifestam; parece-lhes certo que as almas humanas não podem realizar nenhuma dessas atividades.

Mas, como já dissemos, não há nenhuma razão para que as almas fora do corpo não possam se comportar da mesma forma que os demônios. A conclusão principal a que devemos chegar é: qualquer categoria a que esses espíritos pertençam, eles são responsáveis pelas comunicações dos médiuns; não são bons, mas maus espíritos; sejam eles humanos ou demônios, isso pouco importa no resultado final.

Essa conclusão é, obviamente, muito repugnante para a maioria dos espíritas modernos. Eles negam o princípio de que é ruim procurar a verdade através dos mortos, e defendem, portanto, que se o morto responder, tal comportamento, longe de ser culposo, mostra o amor e o interesse do outro lado. Quando o espírita é censurado com a aparente inutilidade, ou melhor, a repugnância de muitas das comunicações espíritas, sua resposta é que, embora nem todas as comunicações com os mortos estejam acima de suspeita, poderá haver um tipo de comunicação que tenha toda a qualidade de um grande ato ético. Se os espíritos são consultados pelos homens de ciência e virtude acerca de coisas boas e santas, mesmo a respeito de questões religiosas, e se os espíritos dão uma resposta digna de um sábio, o espiritismo não é justificado através do decoro de seu comportamento? Admito rapidamente que um tipo de espiritismo desenvolvido poderia enganar até os escolhidos, dos quais todos os elementos vulgares e grosseiros pudessem ser eliminados; apesar disso, não parece que até agora o espiritismo tenha sido algo mais que uma necromancia degradante. Não penso que haja qualquer outra resposta contra o espiritismo quando considerado em todos os seus possíveis aspectos, a não ser:

Deus o proibiu ao homem da mesma forma que proibiu comer do fruto da árvore do conhecimento do bem e do mal. Esse é o ponto de vista da Igreja Católica; e, a não ser que as pessoas estejam realmente prontas para aceitar essa proibição Divina, não é difícil que caiam nas armadilhas espíritas.

O seguinte caso típico, sob o pseudônimo de Titius, foi proposto junto à Santa Sé: Titius, banindo de sua mente toda intenção de comunicar-se com os espíritos maus, tem o hábito de chamar os espíritos dos mortos. Ele comporta-se da seguinte forma: encontrando-se só, sem qualquer preliminar, roga ao chefe da milícia celeste para que dele possa obter o poder de entrar em contato com o espírito de determinada pessoa. Ele espera um pouco, começa a escrever, e de repente começa a sentir que sua mão está sendo movida; dessa forma, ele sabe que o espírito está presente. Ele pergunta o que deseja conhecer e sua mão escreve as respostas de seus questionamentos; essas respostas invariavelmente se enquadram na fé católica e a doutrina da Igreja a respeito da vida eterna. Como regra, elas têm a ver com o estado no qual as almas de algumas pessoas mortas se encontram; eles falam da necessidade de orações para os mortos, queixam-se de ingratidão e assim por diante. É lícita essa maneira de agir de Titius?

A resposta da Santa Sé foi clara: Tal comportamento não é lícito.

Novamente, em 1917, com igual precisão, o Santo Ofício fez uma completa negação da legitimidade das seguintes práticas: se é lícito estar presente em qualquer tipo de locução ou manifestação, interrogando almas ou espíritos, escutando suas respostas, ou mesmo olhando-as, embora possa haver uma tácita ou expressa estipulação de que não houve nenhuma intenção de iniciar qualquer tipo de cooperação com espíritos maus. A partir da natureza do caso, tais transgressões seriam gravemente culpáveis, pecados contra um grave preceito da religião. Até o momento, a Igreja não anexou qualquer gênero de censura ou excomunhão às práticas espíritas, mas as considera pecado mortal[1].

---

1 Trata-se aqui, não do Espiritismo, mas de práticas individuais de Católicos que creem que a Igreja foi fundada por Jesus Cristo (S. Mateus XVI, 18), mas que querem se comunicar com os mortos. A prática do Espiritismo tal como conhecemos no Brasil, "religião" contrária ao ensino de Jesus Cristo, não só é pecado mortal, mas também tem proibição gravíssima, visto que se negam dogmas de fé. O frei Boaventura Kloppengurg cita a Sessão Ordinária da Conferência Nacional dos Bispos do Brasil, que afirmou resolutamente a respeito do Espiritismo: "O Espiritismo é o conjunto de todas as superstições e erros da incredulidade moderna, que, negando a eternidade do inferno, o sacerdócio católico e os direitos da Igreja, destrói o Cristianismo. Os espíritas devem ser tratados, tanto no foro interno como no foro externo como verdadeiros hereges e fautores de heresias, e não podem ser admitidos à recepção dos sacramentos sem que antes reparem os escândalos dados, abjurem o Espiritismo e façam a profissão de fé" (Por que a Igreja Condenou o Espiritismo, Frei Boaventura OFM).

CAPÍTULO VIII
O JULGAMENTO DOS VIVOS E DOS MORTOS

Nenhum atributo serve mais constantemente como predicado de Deus que o julgamento. Com a intrepidez de um amigo, Abraão apela a Deus e lembra-lhe dessa suprema qualidade ao interceder pelos homens de Sodoma: "Longe de ti fazeres tal coisa: fazer morrer o justo com o pecador, de modo que o justo seja tratado como pecador! Longe de ti! Não fará justiça o juiz de toda a terra?" (Gênesis XVIII, 25).

Haveria um grande volume escrito se todas as afirmações dos escritores canônicos a respeito de Deus em sua capacidade de Julgar fossem compiladas. Por poder judicial de Deus, queremos dizer algo definido e claramente discernível de outras operações Divinas; queremos dizer uma constante intervenção de Deus nos assuntos do universo criado, organizando e alterando questões materiais e espirituais por conta das livres ações de suas criaturas racionais. Embora o julgamento seja mais associado à interferência punitiva de Deus, não está, de fato, confinado às severidades Divinas; as partes mais adoráveis dos julgamentos de Deus são aquelas mudanças providenciais no curso do universo como recompensa das ações virtuosas de seus filhos.

Há, contudo, que se recordar um fato importante: ao longo do Antigo Testamento, Deus é representado como exercendo a função suprema de Juiz, não somente no futuro distante, mas no presente imediato, com os homens, com as nações que estão agora sobre a terra. Os profetas que anunciavam o grande Julgamento não falavam de um evento ocorrido no mundo futuro, mas de severidades e rigores manifestados por Deus às gerações de homens que estavam vivos. A função de Juiz cumprida por Deus é, segundo as Escrituras, essencialmente uma função contínua, incessante, não uma que esteja reservada exclusivamente para uma data especial futura. Não digo que não haja claras alusões dos profetas a um julgamento no fim dos tempos, mas a maioria de seus vaticínios e julgamentos é executada em um pequeno espaço de tempo. Assim, Isaías usa uma linguagem que vai além das ameaças contra o Egito, Babilônia ou Tiro: "A terra será toda arrasada, a terra será sacudida violentamente, a terra será fortemente abalada. A terra cambaleará como o embriagado, ele oscilará como a cabana, seu crime pesará sobre ela, ela cairá e não mais se levantará" (Isaías XXIV, 19-20).

Se formos ao Novo Testamento, à Pessoa do Deus Encarnado, observaremos que Ele possui, da mesma forma, o poder de julgar, o poder de separar o bem e o mal, de premiar os homens de acordo com seus méritos, bem antes da hora do Juízo Final. É no Novo Testamento que ocorre a expressão "Juiz dos vivos e dos mortos". Esse nome de Deus não é encontrado no Antigo Testamento, e no Novo Testamento é atribuído invariavelmente à Pessoa de Cristo: "E ordenou-nos que proclamássemos ao Povo e déssemos testemunho de que ele é o juiz dos vivos e dos mortos" (Atos X, 42). Como devemos entender a extensão do poder judicial de Deus em relação aos mortos? Isso significa que Deus não julgava o homem em toda sua vida, de forma que completasse o julgamento após sua morte? Ou devemos ver nessa fórmula somente uma drástica expressão do poder abrangente da justiça Divina, do qual ninguém pode escapar? De fato, não é fácil ver o completo significado dessa frase inspirada. Como toda geração de homens vivos irá, em breve, pertencer ao mundo dos mortos, não é evidente que os vivos estão em oposição com os mortos dos quais Deus é Juiz. Sem dúvida, esta é a interpretação mais simples: visto que Deus rege os homens e as nações da terra de acordo com as ordens de sua Justiça, vai dispor deles em outro estado, o estado de morte, dando a cada um o que lhe é devido. Assim, a fórmula "Juiz dos vivos e dos mortos" não significa sempre, penso eu, a dupla classificação dos seres humanos, mas a vida completa dos mesmos seres, suas condições de vida e morte, cujos acontecimentos, cujos detalhes, são iguais nas escalas da Justiça Divina. Esta frase, usada por São Pedro e São Paulo, também foi inserida nos mais antigos símbolos de fé: "Ele virá novamente com glória julgar os vivos e os mortos". Como o Credo identifica o julgamento de Cristo dos vivos e dos mortos com sua segunda Vinda, pode-se dizer, pelo menos neste caso, que são tidos como vivos os seres humanos que estiverem vivos nesta terra em seu advento, enquanto os mortos são aqueles que sairão de suas sepulturas. Mas, como vimos num capítulo anterior, a linguagem do Novo Testamento atribui a Cristo um domínio geral sobre os vivos e os mortos em um tipo de visualização universal de toda a raça humana: "Com efeito, Cristo morreu e reviveu para ser o Senhor dos mortos e dos vivos" (Romanos XIV, 9).

Podemos agora chegar ao ponto importante de como os vários julgamentos atribuídos ao supremo Juiz dos vivos e dos mortos devem ser distinguidos uns dos outros e ainda ser correlacionados; pois Cristo, da mesma forma que seu Pai, sempre está assentado no Trono do julgamento.

A distinção que submeto a fim de proceder claramente nesse vasto assunto é a seguinte: devemos reconhecer os julgamentos *temporais* de Deus e, também, seus *eternos* julgamentos. A discriminação entre os julgamentos temporais e eternos vai ainda mais longe: os decretos do julgamento temporal têm um ponto final, enquanto os do julgamento eterno não têm fim em seu efeito. Novamente, as duas distinções contêm uma subdistinção: os julgamentos temporais de Deus são acerca do estado dos homens fora de seu corpo; seus julgamentos eternos são tanto em relação aos homens individuais quanto em relação a toda a raça. Assim, temos quatro aspectos da grande doutrina de Deus, o Juiz dos vivos e dos mortos. Os homens, individualmente ou como raças ou nações, como famílias ou até mesmo como corpos religiosos, recebem sua recompensa ou punição enquanto estão sobre a terra. Ou, novamente, se a Justiça Divina em sua igualdade de condições não é satisfeita, há então outro ajuste que tem o compreensível nome de purgatório, e que todos os teólogos concordam em descrever como uma porção da punição temporal para o pecado. Na morte, a alma do homem está definitivamente fixada na eleição ou reprovação, seu destino eterno está selado, é anunciada como condenada pela justiça de Deus ou admitida na sociedade dos eleitos, também pela justiça de Deus, embora os teólogos, com uma humildade edificante, geralmente prefiram dizer que à alma é concedido entrar na vida eterna através da misericórdia de Deus. Essa parte do julgamento eterno é oculta e afeta, por assim dizer, a substância da personalidade individual do homem. A isso é dado, por todos os teólogos, o nome de julgamento particular ou privado. Podemos manter essa denominação aqui, desde que lembremos que, mesmo na primeira classe de julgamento – os julgamentos temporais -, há, também, algo muito particular e privado ao indivíduo, como, por exemplo, a punição devida a cada alma no purgatório por seu próprio pecado. O julgamento de um homem que morre em pecado mortal deve ser chamado de julgamento eterno e particular, em contraste com o julgamento temporal que ocorre com alguém que morreu em estado de graça, mas que ainda deve passar pela punição temporal.

Depois, enfim, há o Julgamento Final, cujos resultados também serão eternos, mas estarão envolvidos essencialmente com toda raça humana, em alma e corpo, com a maior manifestação possível de todas as coisas ocultas. É eminentemente o Dia do Julgamento, o único grande ato de Deus como supremo Juiz dos vivos e dos mortos. Nos capítulos seguintes, trataremos de forma mais completa essas quatros divisões das atividades judiciais de Deus; no momento, estou tentando esclarecer ao leitor a conexão entre as diferentes esferas da Justiça Divina; pois é evidente que, radicalmente falando, há somente um julgamento, e os quatro atos constituem o único poderoso drama da santidade de Deus. Os teólogos constantemente nos advertem que nunca há novos julgamentos, mas que o único julgamento é progressivo até que atinja a consumação no Último Dia.

Essa é, então, a direção Divina daquele que, nas palavras de Abraão, "julga toda a terra". A administração temporal da Justiça Divina tem este grande objetivo: vindicar a santidade de Deus mesmo no caso dos que irão, em última análise, ser salvos, pois eles também ofenderam muito a sua Justiça; até mesmo os santos são punidos na terra para evitar que a ira de Deus destrua suas chances de salvação; os eleitos são punidos após a morte nas chamas vingativas do estado de purgação, porque, embora estejam salvos, são salvos de muitos pecados "pelo fogo". Os graves julgamentos de Deus aqui na terra têm, além disso, um poder de graça para o homem, o homem que por eles deve ser convertido e viver, que deve ser advertido e temer ao ouvir os golpes dos Juízos Divinos. Os escritos dos Padres da Igreja estão repletos desse *leitmotiv*; parecem ter entendido os julgamentos de Deus em seu aspecto temporal mais do que nós. Assim, podemos dizer que os julgamentos temporais de Deus nesta vida e após a morte têm um caráter essencialmente providencial, no sentido de que são como chances da derradeira salvação; eles são temporais, pois o acordo punitivo em que consiste terá fim cedo ou tarde. O ser humano a quem os julgamentos de Deus foram, para o fim de sua vida, uma lição inútil, será julgado finalmente na morte como alguém incapaz da vida eterna, pois ele não deseja entender os julgamentos da Justiça Divina. Pode ser dito, com completa precisão teológica, que o homem é julgado e condenado eternamente, pois ele desprezou os julgamentos temporais de Deus.

A relação do Juízo Final – o quarto ato – com os precedentes tem sido um dos temas favoritos dos Padres e dos teólogos de todas as eras. Por que haverá aquele grande Veredito universal, quando é evidente que a justiça de Deus nunca esteve ociosa e, de fato, parece ter tido seu escopo completo, quando todos aqueles que são indignos da vida eterna já foram condenados, quando Deus já puniu o homem, levou as coisas novamente à áurea regra de justiça com suas incessantes severidades aos homens em seus dias de vida e até mesmo após a morte, no purgatório? A visão mais satisfatória e a única que parece ter o suporte da linguagem repetida das Escrituras é: o Juízo Final é verdadeiramente a manifestação de todos os julgamentos anteriores de Deus; não há um novo julgamento, mas há a proclamação a toda carne da justiça completa de Deus em todos os julgamentos anteriores. Pois os três primeiros julgamentos são, na maioria das vezes, ocultos, são incompreensíveis ao homem e não podem ser vistos pelos olhos humanos, também são complexos para serem entendidos pelo homem. Logo, é a função especial do Julgamento Final tornar claro perante toda a criação que nenhuma coisa permaneceu sem visita, nenhuma coisa boa ficou sem recompensa em toda a vasta história da raça humana: "A obra de cada um será posta em evidência. O Dia a tornará conhecida, pois ele se manifestará pelo fogo e o fogo provará o que vale a obra de cada um" (1 Coríntios III, 13).

São Tomás dá expressão a esse pensamento de uma maneira muito lúcida: há duas operações em Deus; a primeira, a criação de todas as coisas; a segunda, o governo de todas as coisas. As duas operações têm como complemento um julgamento. O Juízo Final corresponde à operação da criação, enquanto o conjunto de julgamentos é congruente com a operação do governo; isso por razões muito claras: "Do começo ao fim do julgamento correspondente ao governo do mundo – que não se poderia seguir sem julgamento –, todos são julgados individualmente por seus trabalhos, não somente ao que concerne a si mesmos, mas também no que concerne ao governo do mundo. Por essa razão, a recompensa de um homem é retardada para o benefício de outras pessoas, e a punição de alguém se torna o benefício de outro. É necessário haver outro julgamento universal que seja a contraparte direta da primeira criação de todas as coisas; de modo que, da mesma forma que todas as coisas vieram de Deus sem qualquer intermediário, haja um acabamento final do mundo, com cada um recebendo finalmente o que lhe é devido de acordo com sua própria personalidade. Portanto, nesse julgamento, a Justiça Divina irá apresentar-se manifestamente em todas as coisas até então ocultas, razão pela qual um homem às vezes é tratado como útil para outros homens, um tratamento contrário àquele que suas obras conhecidas parecem merecer. Também por esse motivo haverá, então, maior separação entre o bem e o mal, pois não existirá mais lugar para essa harmonia na qual os homens maus são ajudados pelos homens bons e os homens bons são ajudados pelos homens maus; enquanto o estado presente de vida está sob o governo da

Providência Divina, há essa mistura dos bons e maus em benefício mútuo" (Suppl. XLVII, art. I).

CAPÍTULO IX
O Julgamento Temporal

Podemos agora considerar os vários julgamentos em si mesmos e ver Cristo em seu grandioso trabalho como Juiz dos vivos e dos mortos. Como foi-Lhe dado todo o poder de julgar, usaremos indiscriminadamente o nome de Deus e o nome de Cristo em relação ao julgamento no restante do livro.

Os julgamentos temporais são, de fato, a mais importante competência das atividades de Cristo em sua capacidade judicial; se os deixarmos fora de nossa teologia, toda a questão dos julgamentos de Deus tornar-se-ia distorcida e incompreensível. Como já insinuamos, por julgamentos temporais entendemos aquelas ordens de Cristo, sejam elas punitivas, sejam elas recompensas, que têm lugar no tempo, fora da eternidade. Não dizemos que os seus resultados não transcenderão o tempo, que não terão repercussão eterna; tudo que Deus faz produz efeitos que modificam o destino eterno do homem. A distinção entre o julgamento eterno e os julgamentos temporais é observada através das disposições da Providência Divina, das quais algumas são transitórias e outras são permanentes. Assim, por exemplo, se um príncipe cristão, através de um julgamento justo de Deus, perdesse seus poderes temporais por não ter sido leal à Igreja, isso seria um julgamento temporal, uma vez que a perda do poder não afetaria necessariamente o destino eterno da alma do príncipe; a punição não é, em tal caso, um estado imutável que afete a eternidade.

Cristo, desde que ascendeu ao céu e se assentou à direita do Pai, está, certamente, agindo como o Juiz da humanidade. O julgamento é mais que uma providência, ou melhor, é o lado moral da providência. As ações livres dos homens e, acima de tudo, dos cristãos, suas orações, suas virtudes, seus pecados, são questões que o Juiz Divino contempla incessantemente, e Ele ordena todas as coisas em perfeita equidade. Este é o significado das esplêndidas palavras de São Paulo aos Coríntios: "Porque é necessário que ele reine, até que ponha todos os inimigos debaixo de seus pés. Ora o último inimigo a ser destruído será a morte: porque (Deus) todas as coisas sujeitou debaixo dos pés dele. Mas quando se diz: Tudo está submetido, - excetua-se sem dúvida aquele que lhe submeteu todas as coisas. E, quando tudo lhe estiver sujeito, então ainda o mesmo Filho estará sujeito àquele que sujeitou a ele todas as coisas, a fim de que Deus seja tudo em todas as coisas" (1 Coríntios XV, 25-28). A vinda de Cristo é descrita como um julgamento. A separação entre os bons e os maus, propósito de todo julgamento, começa com a Encarnação: "Simeão os abençoou, e disse a Maria, sua mãe: 'Eis que este Menino está posto para a ruina e ressurgimento de muitos em Israel, e para ser alvo de contradição'" (Lucas II, 34), mas a separação não estava ainda manifesta, começando somente a tornar-se visível, pelo menos relativamente, após a Ascensão, quando se realizou de forma terrível e evidente a rejeição das pessoas que rejeitaram o Filho de Deus. A Redenção de Cristo na cruz é o maior ato de julgamento Divino. Ele estivera, até então, lutando sob o peso de toda injustiça cometida pelo homem contra o Pai, fora julgado por Deus como se carregasse a culpa de todos os pecados, e, por sua aceitação do sofrimento e a morte em sua carne, fizera o pagamento completo dos débitos de seus irmãos à Majestade Divina: "Destruiu a ata redigida contra nós, cujas disposições nos condenavam, e fê-la desaparecer, encravando-a na cruz" (Colossenses II, 14). Assim, ouvimos Cristo dizer confidencialmente poucos dias antes de sua Paixão: "Agora é o juízo deste mundo; agora será lançado fora o príncipe deste mundo" (São João XII, 31). E, novamente, diz que o Espírito convencerá o mundo do julgamento, pois "o príncipe deste mundo já está julgado e condenado" (São João XVI, 11). João, o Batista, faz o mesmo anúncio numa metáfora de incomparável poder: "Ele vos batizará no Espírito Santo e em fogo. Tem na mão a pá, limpará sua eira e recolherá o trigo ao celeiro. As palhas, porém, serão queimadas num fogo inextinguível" (São Mateus, III, 11-12)

O julgamento temporal de Cristo está preocupado com as punições e recompensas espirituais, bem como as temporais. Por isso, tenhamos em mente que os julgamentos Divinos são exercidos sobre os bens mais importante do homem, suas graças, assim como sobre seus bens externos: "Jesus disse: 'Eu vim a este mundo para exercer um justo juízo, a fim de que os que não veem vejam, e os que veem se tornem cegos'" (João IX, 39). As severidades temporais são anunciadas quando Cristo se refere a seu "dia" ao falar do que é manifestamente o fim do povo judeu, sendo que por "dia" se entende julgamento: "Assim será no dia em que se manifestar o Filho do homem. Nesse dia quem estiver no terraço e tiver os seus móveis em casa, não desça a toma-los; da mesma sorte, quem estiver no campo, não volte atrás. Lembrai-vos da mulher de Ló" (Lucas XVII 30-32).

É verdade que em vários momentos Nosso Senhor diz que virá não para julgar o mundo, mas para tomá-lo: "Porque Deus não enviou seu Filho ao mundo, para condenar o mundo, mas para que o mundo seja salvo por Ele" (João III, 17). Como reconciliaremos essas afirmações aparentemente contraditórias? A explicação é simples, a saber, que durante os dias de sua mortalidade, antes de sua exaltação, Cristo não exerceu, como homem, seu poder judicial, pelo menos no governo exterior do mundo. Assim, é no mesmo sentido que ele diz ter sido somente enviado para as ovelhas perdidas da casa de Israel, embora saiba que foi enviado para toda raça humana. Mas, após a ascensão de Cristo, os cristãos nunca hesitaram em atribuir-Lhe as mais vastas atividades como Juiz do mundo; olharam-no durante a reparação de suas ofensas, quando Ele sofreu nas mãos dos perseguidores; acreditaram com confiança que o mundo pagão e, acima de tudo, a Roma pagã, logo sentiria o braço pesado do Divino Juiz: "Por isso, num mesmo dia, cairão sobre ela as pragas, a morte, o pranto e a fome, e será abrasada em fogo, porque é forte o Senhor Deus que a julgou. [...] Exulta sobre ela, ó céu, e vós, os santos, os apóstolos e os profetas, porque Deus, julgando-a, fez-vos justiça" (Apocalipse XVIII, 8; XVIII,

20). "Porque verdadeiros e justos são os seus juízos, porque julgou a grande Meretriz, que corrompia a terra com a sua prostituição, e reclamou da mão dela o sangue de seus servos" (Apocalipse XIX, 2).

O próprio Cristo é visto saindo do céu pelo profeta de Patmos em um período da história humana que não parece corresponder ao fim do mundo: "Depois vi o céu aberto, e apareceu um cavalo branco. O que estava montado sobre ele, chama-se Fiel e Verdadeiro, (Jesus Cristo) que julga com justiça e combate" (Apocalipse XIX, 11). Essa é a verdadeira visão de Cristo; ela torna-o um poder vivo. O genuíno sentimento cristão sempre esteve impregnado com esse traço de Cristo como justo Juiz, e os cristãos sempre acharam possível amá-lo com o mais tenro amor, pois eles sabem disso; eles chamam a Cristo com toda a familiaridade com que Abraaão chamou o Senhor de seu amigo, quando louvou sua justiça ignorada pelas cidades de Sodoma e Gomorra. Nosso Jesus seria menos amável se não fosse tão Verdadeiro e Poderoso em seus julgamentos.

A doutrina dos julgamentos Divinos é estabelecida muitas vezes em outros termos, como a doutrina da punição temporal para o pecado; mas isso é, na verdade, a mesma coisa. Cristo pune o homem com punições temporais, pois executa o julgamento sobre ele. A doutrina da punição temporal diz que o homem deve satisfação à justiça Divina, e uma grande satisfação após a mancha dos pecados ter sido tirada de sua alma pela graça de Deus. A punição é feita pela providência de Deus, tanto nesta vida quanto no purgatório.

Em nenhuma outra parte da sagrada teologia necessitamos tanto da doutrina fundamental do poder judicial de Cristo, por questão de clareza, como no caso do ensino da Igreja sobre o purgatório. Parece difícil dar qualquer outra explicação do porquê de tantos entre os salvos deverem passar pelo estado purgatorial que não seja a verdade expressa de maneira tão simples na antiga frase católica de que as almas dos homens devem pagar o débito à justiça Divina. Uma visão mais superficial do purgatório seria esta: as almas dos homens passam ignorantes para outra vida, manchadas de muitos pecados veniais e impedimentos de inumeráveis imperfeições. Excluímos, de fato, o estado do pecado mortal, pois tal estado é equivalente à reprovação eterna. Poderíamos chamar essa visão do purgatório de visão psicológica, uma vez que ela implica que o processo de purificação do purgatório seja uma transição gradual do espírito do homem desencarnado de uma categoria menor até um mais alto grau de poder. Essa visão, porém, parece ser excluída por outra consideração muito importante: as almas do purgatório são espíritos genuínos. Ora, os espíritos operam a todo o momento com a totalidade de seu ser. Assim, os teólogos têm de admitir que, no momento em que a alma salva entra no estado espiritual, ela se volta plenamente para Deus de uma forma não compreensível para o homem aqui na terra, e estabelece isso em perfeita caridade. Desse modo, o processo de purgação deveria ser entendido em um sentido exclusivamente jurídico. A palavra *purgare* na lei latina significa "pagar toda quantidade de punição devida". Então, nossos melhores teólogos, ao falar do purgatório, usam a linguagem de um tribunal; o Juiz Divino decide e avalia a quantidade de penalidade a ser submetida pelas ofensas e negligências que não foram reparadas inteiramente durante a vida mortal. O que são essas dores e penalidades, não necessitamos de investigar aqui; elas pertencem a outra parte da teologia. Contudo, parece evidente que nada pode explicar os encargos assim colocados nesses santos espíritos, exceto o ato direto do Juiz Divino; nem poderia uma autoridade finita decidir o tamanho da penalidade a que cada espírito deve ser submetido. "Acomoda-te sem demora com o teu adversário, enquanto estás em caminho com ele, para que não suceda que esse adversário te entregue ao juiz, e o juiz te entregue ao seu ministro, e sejas posto em prisão. Em verdade te digo: Não sairás de lá antes de ter pago o último quadrante" (Mateus V, 25-26). O ajuste purgatorial das reivindicações Divinas poderia quase se denominar uma reflexão posterior na Providência, pois o plano geral da salvação que Deus produziu para o homem é tal que, se o homem fosse fiel, chegaria à hora da morte em estado de perfeita justiça, tendo feito seu trabalho diário, e tendo produzido para seu Mestre a quantidade de lucro que seu Senhor tem o direito de esperar.

A liturgia da Igreja está repleta de invocações a Deus e seu Cristo para que o homem possa encontrar misericórdia com seu Juiz. Essas orações, profundamente cristãs, referem-se, de fato, ao julgamento temporal, já que o julgamento eterno é inalterável. Quando esperamos ser julgados com indulgência, esperamos que Cristo renuncie em nosso favor a alguns de seus direitos como Juiz, tanto nesta vida quanto no purgatório. São também ligadas a este julgamento as solenes promessas de Cristo de que o nosso julgamento será feito de acordo com a misericórdia dos nossos próprios julgamentos: "Sede misericordiosos, como também vosso Pai é misericordioso. Não julgueis, e não sereis julgados; não condeneis, e não sereis condenados; perdoai, e sereis perdoados; dai, e dar-se-vos-á. Uma medida boa, cheia, recaltada e acogulada, vos será lançada nas dobras do vosso vestido. Porque, com a mesma medida com que medirdes para os outros, será medido para vós" (Lucas VI, 36-38).

CAPÍTULO X

O Julgamento Eterno das Almas Individuais

A denominação "julgamento particular" tem sido aplicada há muito tempo como um tipo de termo técnico ao ato de Deus pelo qual a alma do homem é recebida ou rejeitada na sociedade dos eleitos, e rejeitada para sempre. As principais características do julgamento particular assim entendido são seu caráter definitivo e seu completo sigilo. Não sabemos de nenhum ser humano em específico ter, com certeza, sido rejeitado por Deus, embora, por outro lado, saibamos definitivamente que alguns seres humanos foram admitidos na sociedade dos eleitos, como, por exemplo, todos os santos canonizados. Porém, nenhum olho viu o que realmente acontece entre Deus e a alma humana no instante em que esta se encontra na eternidade. Embora o nome "julgamento particular" comumente nos leve à ideia de uma possível reprovação das almas, o aspecto unilateral desse ato de Deus deixa obscura a mais maravilhosa manifestação da santidade e justiça Divina. Para os eleitos, aqueles que estão salvos, o momento em que a alma é constituída na eternidade é uma revelação avassaladora da fidelidade de Deus, que não o faz somente tornando imensamente claro para a alma que ela está salva, em estado de graça e pertence a Deus para sempre, mas todas as obras feitas na ordem sobrenatural durante a vida mortal são relembradas por Deus, são levadas ao conhecimento da alma afortunada, são vistas em seu cenário completo; e Deus recompensa como só Ele sabe recompensar. "Por cuja causa também sofro estas coisas, mas não me envergonho, porque sei em que pus a minha confiança e estou certo de que ele é poderoso para guardar o meu depósito até esse dia" (2 Timóteo I, 12). Ou, ainda: "Combati, até o fim, o bom combate, acabei a minha carreira, guardei a fé. De resto, está-me preparada a coroa da justiça que o Senhor, justo Juiz, me dará naquele dia; porém não só a mim, mas também àqueles que esperam com amor a sua vinda" (2 Timóteo IV, 7-8).

No caso dos eleitos, é dada esta dupla maravilha da justiça e verdade Divinas: primeiro, a vida eterna que eles sempre buscaram, e segundo, uma gloria adicional que vem de cada mérito. Os escritores inspirados parecem particularmente tocados pela fidelidade de Deus em relembrar todos os trabalhos dos eleitos. É o julgamento divino em sua forma mais gloriosa e consoladora; é a justiça superabundante, pois nem mesmo um copo d'água dado em nome de Cristo ficará sem recompensa. As boas obras dos eleitos seguem sua entrada na eternidade como um cortejo de anjos: "E ouvi uma voz do céu, que dizia: 'Escreve: Bem-aventurados, desde agora, os mortos, que morrem no Senhor. Sim, diz o Espírito, que descansem dos seus trabalhos, porque as suas obras os seguem'" (Apocalipse XIV, 13). Mesmo que para muitos dos eleitos a concessão dessa recompensa talvez possa ser adiada pelo cativeiro do purgatório, seu imenso tesouro de méritos estará seguro para sempre, a justiça de Deus não permitirá que algo fique sem pagamento. Mérito e recompensa pertencem a outra parte da teologia; aqui, são tratados como a declaração de um julgamento. Em sua qualidade essencial, eles serão concedidos às almas quando estas forem admitidas ao paraíso; quando não só será concedida a bendita Visão de Deus, mas vários graus dessa visão. Não podemos dizer agora, ingenuamente, que a maior surpresa dos eleitos neste bendito momento será descobrir como Deus tem se lembrado até mesmo da menor de suas obras; como os seus labores, há muito tempo esquecidos por eles mesmos, são verdadeiramente recordados no Livro da Vida?

Teólogos têm abordado profundamente a questão do "encontro" com todos os méritos de uma longa vida no primeiro instante da eternidade. Eles adorariam construir teorias que explicassem a presença de todos os méritos passados na alma. Dizem, por exemplo, que a graça, assim como o mérito, nunca para de crescer, de modo que a alma, ao morrer, já tem, embora oculta, completa riqueza de beleza espiritual. Entretanto, com os altos e baixos da vida humana, e muitas vezes longas interrupções de pecado mortal, parece difícil explicar completamente como todas as obras dos eleitos revivem quando eles entram no paraíso, a menos que admitamos o poder de Deus para restaurar ao homem todos seus méritos passados.

O termo "julgar" tem, na linguagem do Novo Testamento, geralmente o sentido desfavorável de julgamento para condenação, apesar de a palavra "juiz" como substantivo representar Deus em sua função, tanto como recompensador dos méritos quanto como vingador do pecado. Assim, Nosso Senhor diz: "Quem nele crê, não é condenado, mas quem não crê, já está condenado, porque não crê no nome do Filho unigênito de Deus. A condenação está nisto: A luz veio ao mundo, e os homens amaram mais as trevas do que a luz, porque as suas obras eram más" (João III, 18-19).

Com essa declaração Divina, aproximamo-nos do terrível tema da condenação do homem à reprovação eterna após a morte. Na reprovação, bem como na eleição, há dois elementos que devem estar separados em nossa consideração: o homem é admitido na sociedade dos eleitos, pois morre em estado de graça, mas também recebe um grau mais alto ou baixo de vida eterna de acordo com seus méritos, grandes ou pequenos. Então, por outro lado, o homem é lançado na morte eterna porque a morte temporal o encontrou em estado de pecado mortal, mas seu grau de punição dependerá da quantidade de mal que ele fez na terra e que não foi perdoado. Na teologia mais exata, deveríamos dizer que o homem é admitido na vida eterna ou lançado para fora dela não por um julgamento que ocorre após a separação da alma do corpo, mas pelo julgamento através do qual Deus decide que morte deve alcançar o santo em estado de graça, enquanto, através da vontade permissiva da justiça Divina, a morte deve ser permitida ao pecador quando ele está em pecado mortal. Os teólogos não relutariam em dizer que não há nenhum pronunciamento real de sentença, seja de vida eterna ou de morte eterna, com essas grandes questões seguindo naturalmente, por assim dizer, a partir do estado da alma no momento da morte. Sobre essa questão, temos as próprias palavras de Nosso Senhor no verso citado acima: "Quem nele crê, não é condenado, mas quem não crê, já está condenado, porque não crê no nome do Filho unigênito de Deus. A condenação está nisto [...]" (João III, 18-19). Mas podemos, de fato, ter uma visão menos técnica e dizer que as almas são condenadas ou exaltadas por um julgamento justo de Deus quando entram na eternidade. Certamente não podemos nos afastar de um ato determinado de Deus que decide para sempre o destino do homem ao colocar um fim no período de instabilidade e mudança.

Há, todavia, no caso dos réprobos, bem como no caso dos eleitos, a grande questão de como Deus lida com a culpa individual, pois ele não pode tratar da mesma forma, mesmo na reprovação, o grande criminoso e o pecador comum. O fato da própria reprovação, de ser lançado para sempre nas trevas exteriores, é um resultado necessário da impenitência final, do estado de pecado mortal no momento da morte. Entre a reprovação assim considerada como uma provação da vida eterna e a justa punição a ser infligida para os grandes pecados humanos, deve haver, de fato, uma grande diferença. Como essa diferença se faz sentir nos espíritos perdidos em todos os graus de culpa, não podemos dizer. Não possuímos informações claras sobre esse assunto. Sabemos decididamente o que constitui o maior ou menor grau de recompensa entre os salvos: é sempre uma compreensão mais profunda de Deus em sua Essência. Mais e mais da vida Divina é acrescentado à alma. Com os perdidos, não se tem essa providência. Por isso, podemos nos contentar com o princípio geral de que o pecado é visitado na eternidade de acordo com sua gravidade. O *Inferno* de Dante é a apresentação poética de uma séria verdade. Mas é um bom sentimento cristão sustentar que a justiça vingativa de Deus não é tão abrangente quanto sua justiça recompensadora: até mesmo o réprobo é punido com menos severidade que merece. Um princípio teológico cuja validade está acima de dúvida poderia ser invocado aqui para mostrar a diferença entre recompensa e punição. Sejam quais forem os méritos sobrenaturais que o homem teve durante a vida, esses méritos lhe serão acrescentados como um aumento de glória, embora muitas vezes, por causa do pecado mortal, pudessem estar, por assim dizer, mortos. Se o pecador está arrependido disso, se o Cristão morre em estado de graça, todos os méritos lhe são restabelecidos. Logo, não se traz de volta o pecado passado. Se um homem pecou muito e se arrependeu, mesmo se pecar novamente e morrer em pecado, aqueles pecados dos quais se arrependeu não retornam para ele.

A coisa mais profunda dita por um teólogo na questão da eterna reprovação é a afirmação de Santo Tomás de Aquino: "A eternidade da pena não corresponde à quantidade da culpa, mas à sua irremissibilidade" (Suma, I-II, Q. IXXXVII, art. 5).

Pode parecer estranho à primeira vista que um homem menos culpado deva estar perdido para sempre da mesma forma que um que possa ser um milhão de vezes mais culpado. Ora, de acordo com Santo Tomás, a punição real infligida pela justiça Divina não se encontra no fato da eternidade, pois esta é a condição de tudo que é espiritual, mas a carga especial que permanece sobre o espírito réprobo e corresponde a sua culpa é, com efeito, o ato direto do julgamento Divino. O que é essa punição, não temos meios de saber. Contudo, como a teologia católica sempre sustentou que a reprovação resulta inteiramente da justiça Divina, essa doutrina é mitigada em sua própria definição. Não dizemos a alguém que ele está eternamente sujeito a este ou aquele tormento; neste caso, deveríamos achar que é difícil dar uma explicação satisfatória. Mas dizemos que Deus visita com justiça todos os pecados para os quais não há o devido arrependimento antes da morte. Por assim dizer, aproximamo-nos todo o assunto pelo ponto de vista de Deus, e deixamo-lo com Deus; sabemos que ele não poderia fazer nada injusto sem negar a si mesmo.

ÚLTIMO CAPÍTULO
O JUÍZO FINAL

A fraseologia das Escrituras nem sempre deixa aparente se certos acontecimentos profetizados serão eventos catastróficos de curta duração ou longos períodos de visitação de Deus. Assim, em várias declarações de Cristo acerca do fim do mundo, não é fácil distinguir os tempos prolongados de tribulação das súbitas manifestações da ira de Deus, aparecendo com a rapidez do relâmpago. Muitos dos julgamentos de Deus são punições prolongadas e os castigos catastróficos são, em sua maioria, raros. Uma ideia frequentemente expressa em determinada classe da literatura moderna é que a História do Mundo é a História do Julgamento. Há muita verdade nessa visão. Não há, entretanto, dúvida acerca da natureza do Juízo Final; ele é descrito como um evento terrivelmente repentino, como algo inteiramente à parte do desenvolvimento histórico da humanidade. Sua data é tão misteriosa que ninguém a conhece, nem mesmo os anjos de Deus: "Quanto àquele dia e àquela hora, ninguém sabe, nem os anjos do céu, nem o Filho, mas só o Pai" (Mateus XXIV, 36). Nem mesmo os sinais precursores desse dia servirão como indicações claras de sua hora exata: "Porque sabeis muito bem que o dia do Senhor virá como um ladrão durante a noite. Quando (os ímpios) disserem: 'Paz e segurança' – então lhes sobrevirá uma destruição repentina, como as dores de uma mulher grávida, e não escaparão" (1 Tessalonicenses V, 2-3). O Juízo Final, portanto, deve ser considerado por nós como um grande mistério, tanto em relação a sua data quanto em relação a sua natureza e propósito. Podemos, por um lado, entender o significado desses julgamentos temporais de que já tratamos; podemos até mesmo compreender a doutrina das relações de Deus com a alma na morte; mas, quando chegamos ao Juízo Final, estamos na presença de um dogma inteiramente fora de toda experiência e com o qual não temos nenhum tipo de comparação. Sabiamente, na passagem citada num capítulo anterior, Santo Tomás considera o Juízo Final como sendo o equivalente à criação de todas as coisas do nada. Nenhuma medida finita pode ser aplicada a eventos tão grandes, pois são atos de escala infinita. É verdade que várias dicas muito preciosas são espalhadas pelos escritores inspirados quanto à sua importância, mas as poucas sugestões dadas são, em si mesmas, alusões a possibilidades além de nosso alcance. A ideia mais recorrente é a de que Deus vai revelar todas as coisas naquele dia. Todavia, é fácil ver que essa revelação é um mistério, um grande mistério acima de todas as palavras. Logo, devemos exercer nossa fé e acreditar que Deus tornará manifestas todas as coisas, como acreditamos que, no princípio, Ele criou a luz. Como essa revelação ocorrerá – nenhuma mente finita pode saber, pois é verdadeiramente a revelação de algo infinito – a total economia da graça de Deus, por um lado, e todo o alcance do livre arbítrio criado, por outro; de modo que não apenas fatos, mas possibilidades serão reveladas, a fim de que cada olho descubra a providência de Deus em toda sua perfeição.

Não estaria em harmonia com o pensamento católico dizer que o Juízo Final nada mais é que o início da eternidade ou do estado de eternidade. Será um evento, um ato de passagem de duração finita, não uma condição perpétua. Haverá um momento quando o grande julgamento se iniciar e haverá outro momento quanto tiver fim, embora seus resultados sejam intermináveis. Em outras palavras, será um ato de Deus como nunca houve e como nunca haverá novamente. A raça humana nunca mais será reunida inteiramente como nessa hora suprema. Mas o acontecimento da assembleia de todos os seres humanos que existiram desde sempre é das poucas indicações claras acerca do ato de Deus que foi revelado, não obstante a raça, assim reunida, separar-se novamente, e por toda a eternidade: "Quando, pois, vier o Filho do homem na sua majestade, e todos os anjos com ele, então se sentará sobre o trono de sua majestade. Todas as nações serão congregadas diante dele, e separará uns dos outros, como o pastor separa as ovelhas dos cabritos. E porá as ovelhas à sua direita, e os cabritos à esquerda" (Mateus XXV, 31-33). Uma revelação será feita, então, com efeitos verdadeiramente miraculosos, mas transitórios, como um ato Divino. Essa revelação será dada tanto aos maus quanto aos eleitos. É a manifestação da justiça e santidade de Deus, diferente, em gênero, da Visão de Deus que os eleitos, em suas almas, desfrutam mesmo antes do grande dia. Nada além de um ato da Onipotência Divina pode explicar essa manifestação da justiça de Deus para toda carne. Esse grande evento é invariavelmente chamado de "dia do Senhor", como se fosse um evento muito diferente de todos os outros acontecimentos históricos, como o único dia digno do Filho de Deus fora da eternidade. Sua importância será proporcional à da Pessoa do Deus Encarnado.

O Dia do Senhor consiste em quatro manifestações da onipotência de Deus cuja realidade literal não pode ser posta em dúvida por nenhum católico: haverá a destruição do mundo físico através do fogo; haverá a ressurreição de todos os mortos; haverá a revelação de todas as coisas ocultas da consciência do homem e da providência de Deus; e, finalmente, haverá a separação dos bons e dos maus. O dia do Senhor conterá tudo isso, e o termo "Juízo Final" pode ser aplicado a toda essa complexa operação Divina. É certo que a Ressurreição dos mortos precederá o Julgamento propriamente dito. Não há espaço para dúvida a respeito da sequência dos acontecimentos em relação à conflagração universal, mas parece que o fogo no qual todos os homens vivos encontrarão a morte será o primeiro ato nesse tremendo drama. Longe das ruínas do mundo que existia até então, um novo mundo criado será verdadeiramente parte da Ressurreição. Será nesse novo mundo que o Julgamento ocorrerá; será nesse novo mundo que Cristo surgirá em glória e majestade. Santo Tomás adota essa ordem para esses grandes mistérios. O mundo será purificado na chama e os réprobos serão expulsos dele, pois são indignos da nova perfeição.

É evidente que nenhuma apresentação pictórica pode ser feita para essa vasta mudança de todas as coisas.

As grandes ideias das Escrituras ainda são as expressões mais potentes e satisfatórias. Sempre fracassaremos ao tentar descrever o Juízo Final, mesmo que o artista seja Michelangelo. Tomemos em seu significado literal as palavras como as que seguem, nas quais os quatro grandes fatos são descritos, e estaremos próximos de visualizar esta solene verdade conforme for possível ao homem. "Não retarda o Senhor a sua promessa, como alguns pensam, mas usa de paciência convosco, não querendo que nenhum pereça, mas que todos se convertam à penitência. Todavia, como um ladrão, virá o dia do Senhor, no qual passarão os céus com grande estrondo, e os elementos com o calor se dissolverão e a terra como as obras que há nela será consumida. Portanto, visto que todas estas coisas estão destinadas a ser desfeitas, quais não deveis ser em piedade e santidade de vida, esperando e correndo ao encontro da vinda do dia de Deus, no qual os céus, ardendo, se desfarão, e os elementos, com o ardor do fogo, se hão de fundir! Realmente esperamos, segundo a sua promessa, novos céus e uma nova terra, nos quais habite a sua justiça" (2 Pedro III, 9-13). "Não vos admireis disso, porque virá tempo em que todos os que se encontram nos sepulcros ouvirão a sua voz, e os que tiverem feitos obras boas sairão para a ressurreição da vida, mas os que tiverem feito obras más, sairão ressuscitados para a condenação" (João V, 28-29). "E mostram que o que a lei ordena está escrito nos seus corações, dando-lhes testemunho a sua própria consciência e os seus pensamentos, que os acusam (se fizerem o mal) ou defendem (se fizerem o bem). Isto ver-se-á naquele dia em que Deus, segundo o meu Evangelho, há de julgar as coisas ocultas dos homens por meio de Jesus Cristo"

(Romanos II, 15-16). "Então o Rei dirá aos que estiverem à sua direita: Vinde benditos de meu Pai, possuí o reino que vos está preparado desde a criação do mundo. [...] Em seguida, dirá aos que estiverem à esquerda: Apartai-vos de mim, malditos, para o fogo eterno, que foi preparado para o demônio e para os seus anjos" (Mateus XXV 34; XXV, 41).

Cristo fará o julgamento em Pessoa, aparecerá em toda sua glória como Deus-Homem. Se sua vinda será antes ou depois da conflagração e a Ressurreição, não é possível dizer; mas que Ele executará o julgamento, está na essência de nosso Credo: *Qui venturus est judicare vivos et mortuos.* Muito mais, de fato, poderia ser dito acerca das muitas especulações dos teólogos sobre coisas de tamanha magnitude; mas há apenas um artigo de Santo Tomás que, em sua dignidade, não é inadequado aqui: "Se o juízo universal será instruído e sentenciado oralmente". "A verdade nesta matéria não pode ser estabelecida com certeza. Podemos contudo pensar, com probabilidade, que o juízo final na sua totalidade - quanto a sua instrução, à acusação dos maus, à glorificação dos bons e à sentença de ambos - se processará mentalmente. Pois, se os atos de cada um fossem discriminados oralmente, levaria isso um inconcebivelmente grande espaço de tempo" (Suppl. 88, art. 2).

Há nos Evangelhos e nas Epístolas palavras de grande solenidade que nos compelem a interromper por um momento nossas considerações sobre o Juízo Final. Cristo e seus Apóstolos declaram, com ênfase máxima, que os eleitos também serão juízes; que eles, nesse dia, estarão assentados majestosamente como juízes: "Jesus disse-lhes: 'Em verdade vos digo que, no dia da regeneração, quando o Filho do homem estiver sentado no trono da sua glória, vós, que me seguistes, também estareis sentados sobre doze tronos, e julgareis as doze tribos de Israel" (Mateus XIX, 28). São Paulo faz uso dessa grande esperança cristã a fim de desprezar a belicosidade de alguns coríntios que foram a juízo perante os incrédulos: "Porventura não sabeis que os santos hão de julgar este mundo? E, se o mundo há de ser julgado por vós, sois porventura indignos de julgar as coisas mínimas? Não sabeis que havemos de julgar os anjos? Quanto mais as coisas desta vida?" (1 Coríntios VI, 2-4). Tais palavras são muito claras para admitir qualquer outra interpretação que não seja literal. Haverá, evidentemente, uma participação ativa dos eleitos, ou pelo menos de alguns deles, na condenação final do mundo. Os Padres usam livremente o termo "auxiliadores", lembrando, sem dúvida, a cena familiar no tribunal Romano de homens que se assentam ao lado do juiz e dão-lhe, com a sua presença, apoio e suporte ao seu veredicto. Era-lhes natural dizer que, naquele dia, os santos serão auxiliadores de Cristo. A prática de pobreza religiosa em vida ou o mérito do martírio destacariam uma pessoa como adequada para ser assessora de Cristo quando Ele pronunciar seu terrível anátema sobre toda a humanidade perversa. Mas, mesmo sem metáforas deve ser fácil para nós, de algum modo, entender que o verdadeiro contraste entre a santidade elevada de tantos eleitos e a escuridão dos réprobos será um julgamento severo acima de quaisquer palavras.

Não poderíamos concluir este capítulo sem fazer referência a um assunto controverso entre amigos e inimigos. Os inimigos da Divindade de Cristo muitas vezes têm dito – e ainda dizem – que Jesus tinha o que pode se pode chamar de uma obsessão escatológica; Ele estava sob a impressão de que o mundo teria logo um fim, e anunciou sua aparência de Juiz dos vivos e mortos como um evento não muito distante, que ocorreria no tempo em que seus inimigos ainda vivessem. E, como tal catástrofe evidentemente não ocorreu, o clamor de Cristo como sendo Deus é uma ambição insustentável. Muitos volumes foram escritos sobre esse assunto. É certo que Nosso Senhor avisou os homens com quem viveu, especialmente os Apóstolos, de que tivessem em mente sempre seu Senhor e Mestre vindo em um momento inesperado, encontrando-os adormecidos. Por outro lado, é tão evidente que Cristo deixa a hora do advento em grande incerteza que ninguém pode concluir a partir de suas palavras que ele ensinou uma vinda num futuro imediato. Existe, em todas essas passagens nas quais há ou vigilância persistente ou incerteza da data do retorno do Mestre, uma combinação de um futuro próximo e misteriosamente remoto e sem paralelo. Assim, falando de um futuro próximo, Cristo diz: "Estai de sobreaviso, vigiai, porque não sabeis quando será o momento. Será como um homem que, empreendendo uma viagem, deixou a sua casa, deu autoridade aos seus servos, indicando a cada um a sua tarefa, e ordenou ao porteiro que estivesse vigilante. Vigiai, pois, visto que não sabeis quando virá o senhor da casa, se de tarde, se à meia-noite, se ao cantar do galo, se pela manhã, para que, vindo de repente, vos não encontre dormindo. O que eu, pois, digo a vós, o digo a todos: Vigiai!" (Marcos XIII, 33-37). Tudo isso soa como se Cristo quisesse que seus Apóstolos esperassem a possibilidade do Julgamento a qualquer momento. Ainda nos versos anteriores, "A respeito, porém, desse dia ou dessa hora, ninguém sabe, nem os anjos do céu, nem o Filho, mas só o Pai", temos a afirmação mais enfática do caráter incognoscível do grande evento.

Portanto, temos novamente uma descrição do Nosso Senhor do reino de Deus como algo catastrófico: "Dizia também: 'O reino de Deus é como um homem que lança a semente à terra. Dorme e se levanta, noite e dia, e a semente brota e cresce sem ele saber como. Porque a terra por si mesma produz, primeiramente, a erva, depois a espiga, e por último o trigo grado na espiga. E, quando o fruto está maduro, mete logo a foice, porque está chegado o tempo da ceifa'" (Marcos IV, 26-29). Vemos aqui a história do mundo descrita pela metáfora de um campo amadurecido: o próprio Semeador, que evidentemente é Cristo, é como alguém que deixa a semente fazer seu próprio trabalho, como alguém que está ausente. Poderíamos multiplicar exemplos dessa misteriosa mistura de duas ideias, a necessidade de vigilância e a distância da colheita final. Entretanto, se tivermos sempre em mente o que foi dito num capítulo anterior, como as operações judiciais de Cristo são incessantes, podemos entender rapidamente a necessidade do quão necessário é que cada homem esteja sempre vigilante. A vinda de Cristo para cada um na morte é um julgamento completo, e aquele que não está preparado para essa vinda é verdadeiramente um homem insensato. Sendo assim, aquelas parábolas bem conhecidas sobre a necessidade de vigilância têm sido aplicadas pelos doutores cristãos tanto a respeito do ser humano individual, sempre em perigo de morte, quanto a toda a raça humana, sempre no perigo do catastrófico advento de Cristo. Essa é, realmente, uma compreensão Divina da situação. O que é verdadeiro para o homem em sua universalidade é também verdade individualmente. Se tomarmos como certo que Cristo em nenhum momento deixa de ser Juiz, facilmente compreenderemos a completa atualidade de todas as suas parábolas e afirmações sobre a imprudência de não estar preparado para sua vinda. Cair nas mãos do Deus vivo é uma coisa terrível. Mesmo sem estarmos esperando pelo novo mundo, servimos a Deus agora com "com reverência e temor. Em realidade, o nosso Deus é um fogo devorador" (1 Hebreus XII, 28-29).

Quaisquer que possam ter sido os pensamentos dos Apóstolos antes do Pentecoste acerca do estabelecimento do reino triunfante de seu Mestre no decorrer da vida, é certo que, quando eles iniciaram seu grande ministério, a terrível vinda de Cristo foi tão parte de sua pregação quanto a primeira vinda de seu Senhor. Era-lhes uma certeza. A data pouco importava na prática, pois os cristãos sempre tinham que estar prontos: "Mas os céus e a terra, que agora existem, são guardados pela mesma palavra e reservados para o fogo, no dia do juízo e da perdição dos homens ímpios. Há porém, uma coisa, caríssimos, que não deveis ignorar: é que um dia, diante do Senhor, é como mil anos (diante dos homens), e mil anos (diante dos homens) como um dia (diante do Senhor). Não retarda o Senhor a sua promessa, como alguns pensam, mas usa de paciência convosco, não querendo que nenhum pereça, mas que todos se convertam à penitência. Todavia, como um ladrão, virá o dia do Senhor, no qual passarão os céus com grande estrondo, e os elementos com calor se dissolverão e a terra como as obras que há nela será consumida" (2 Pedro III, 7-10).

Outra forma de ilusão sobre o grande assunto da segunda vinda de Cristo tem sido mais universal, mais persistente e é, de certo modo, mais desculpável. Essa forma de sonho religioso é mais antiga que os Evangelhos: trata-se da esperança do homem do milênio. Tem sempre sido a fé de certas pessoas pias, cujas almas têm sido afligidas pelas iniquidades mundanas, a de que haveria sobre a terra algum dia um magnificente reino de Deus. Com o advento do cristianismo, Cristo seria, é claro, o Rei dessa feliz era de santidade humana. Não é fácil se opor a essas pessoas e provar que estão erradas quando professam esperança em um grandioso triunfo de Cristo sobre a terra antes da consumação final de todas as coisas. Esse tipo de ocorrência não é descartável, não é impossível. Não há certeza de que não possa haver um período prolongado de cristianismo triunfante antes do fim. O ponto de divisão entre as aspirações legítimas de almas devotas e as aberrações de um milenarismo falso é este: os Quialistas – como os milenaristas são chamados, a partir da palavra grega "mil" – parecem esperar uma vinda de Cristo e uma presença de sua glória e majestade sobre a terra que não seria a consumação de todas as coisas, mas uma porção da história da humanidade. Isso, porém, não está de acordo com o dogma católico. A vinda de Cristo no segundo advento – a Parúsia, como é chamada tecnicamente –, na cristandade ortodoxa, é a consumação de todas as coisas, o fim da história humana. Se antes desse final há de ter um período, mais ou menos prolongado, de santidade triunfante, isso resultará não da aparição triunfante da Pessoa de Cristo em sua Majestade, mas da operação dos poderes de santificação que estão trabalhando agora: o Santo Espírito e os Sacramentos da Igreja. Os Quialistas de todas as épocas e opiniões, e muitos podem ser encontrados hoje, parecem desesperar não somente do mundo, mas até mesmo da dispensação da graça inaugurada no Pentecoste; eles esperam, a partir da presença visível de Cristo, uma completa conversão do mundo, como se um resultado feliz não se fizesse de outra forma. Ainda têm de aprender o significado das palavras de Cristo aos Apóstolos: "convém a vós que eu vá! Porque, se eu não for, o Paráclito não virá a vós; mas se eu for, vo-lo enviarei" (João XVI, 7).

A Igreja Católica tem plena confiança na presente ordem da vida sobrenatural, e se ela anseia o retorno de seu Cristo, não é porque desespera do desígnio que lhe foi dado, mas porque deseja ver esse trabalho manifesto a todos os homens, para que se evidenciem as coisas maravilhosas que Cristo realizou aos homens antes de sua ascensão ao céu.